U0948502

萬物靜觀皆生意

每月清谈集

—施伟斌—著—

人民交通出版社股份有限公司
China Communications Press Co.,Ltd.

前言

Preface

风急天高猿啸哀，渚清沙白鸟飞回。

无边落木萧萧下，不尽长江滚滚来。

——杜甫

年过四十，还以为自己渐入“已凉天气未寒时”的秋季。及至翻阅过去一些文字，突然醒悟我还是一个夏季的人，实在没法写出恬淡温和、沉潜厚重的文章。总是觉得，好的散文应带点秋意，圆熟智慧。我的文字太气盛、太炽热，甚至太情浓，做不到举重若轻。

经常喋喋不休地提醒企业人自我反省，原来真正的自知真的不易。看起来，这些文字是自说自话写给自己看的成分居多,文中每多谈古论今、拉东及西之处，实在只是自己的个人喜好和思潮起伏，写出来只是自己舒服。

首篇《每月清谈集》距今已近十年了。期间，2002 年在香港结集出过一本名为《万般斗志总是情》的书。如今，出版社建议将 2002 年之后的文章结集出书，取名《万物静观皆生意》。转念一想，却也不错。虽是自知眼高手低，不是文学中人，充其量是个企业中人，但总要有些企业管理人，有些从事实务管理的人，讲些内心话。各位且以交朋友的心情翻阅此书吧。

在过去十多年的企业生涯中，我不断探索企业人立身处世、取舍进退之道。我从未以商家或企业家自居，始终以求学悟道作为自己的终生志业。或许骨子里我仍是一位中国的读书人，总自觉需要在历史文化中扎根方才站得住脚。况且，企业人也是性情中人，也可以谈读书、谈历史、谈文化。

这些文字就是企业人的性情文字，散了一点，确是气盛、炽热的。夏季中人，当写夏季的文字，至少忠于自己，写真心话。

“生意”是有形事业，“文章”则属无形事业。我由有形的事业跨进无形的事业，所谓适逢其会，随处结缘，其乐无穷。我这十年来最大的乐趣，便是每次的文字缘。

“文章千古事，得失寸心知。”

杜甫出于深情而写诗。诗才非我所有，深情却自问不差。出于企业人生的情，我还是要写下去。

当然，与吾同乐的师友亦有许多，赐序的冯之浚先生即同乐也。在此谢过冯先生惠然赐序之情，真心人真心话，同为透心动情的好文字。

施伟斌

2007 年 8 月 1 日

目录

Contents

目录 Contents

序

新世纪新阶段，中国以科学发展观统领全局，提出要转变发展观念，创新发展模式，提高发展质量，把科学发展理念落实到“十一五”规划的各个方面和全过程，建设资源节约、环境友好、经济优质、自主创新、社会和谐的小康社会。加强自主创新是落实科学发展观、实现经济增长方式根本性转变的重要途径。如果不转变经济增长方式、社会消费方式和文化思维方式，我国的资源能源将难以支撑，生态环境将难以承受，国家竞争力将难以持续，国家安全也将难以保证。要克服“四个难以”，根本的出路在于大力加强自主创新。

企业是创新的主体，其主体地位主要表现在企业要成为创新选题的主体、创新决策的主体、创新融资的主体、创新集成和整合的主体、创新风险承担和创新受益的主体。当今社会活动越来越复杂，变化越来越快，影响越来越广，特别是技术进步的长足发展，知识智慧不断在产品中体现，产品文化的属性日益突现。因此，企业创新的主体地位，不仅在于企业的资金数量、组织形式、管理技巧等方面，更重要的在于人们思维方式与价值准则的变化，在于经济增长与文化环境、企业发展与职工文化素质的关系。唯有解决好企业文化的认识功能、教化功能和凝聚功能在企业发展中的作用问题，企业才能获得强大而持久的创新活力。中华文化源远流长，主张天人和谐、致和持中、刚柔并济。传承中华文化的合理内核，对于建设企业文化、构建和谐企业具有重要意义。

一般来说，文化包括了三大领域，即人与自然的关系，人与人的关系，人与自我的关系。其中，人与自然的关系，讲的是人要知天，最终目标是实现天人和谐，解决人类的生态危机；人与人的关系，讲的是人要知人，最终目标是实现人际和谐，解决人类的人文危机；人与自我的关系，讲的是人要知己，最终目标是实现身心和谐，解决人类的精神危机。

人与自然的关系是人类安身立命的重要命题。司马迁说“究天人之际，通古今之变，成一家之言”，可见探索人与自然关系是一门大学问。在中国，天人之学与义理之学、会通之学并称为三大学问。中国传统天人之学主要有老子的“顺天说”、荀子的“制天说”和《易传》的天人谐调说，它们虽有差异，但其精神实质都是力主天人和谐。

在处理人与人的关系上，中华文化提倡“致和”与“持中”。“和”是中华文化的宝贵遗产，将“和”用于人际关系，以宽和的态度待人，就会取得众人的信任。在处理人际关系时，提出“和而不同”的观点，强调“同归而殊途，一致而百虑”。“中”是处理人际关系最高的一种思维观念和行为准则。“中”是说凡事应有一个适当的“度”，处理事情要合乎这个“度”，过犹不及，主张“执其两端，用其中于民”。“持中”是适当、适度、适时，不是调和折中，也不是“乡愿”。中华文化讲“持中”、求“致和”的人际关系理论，有利于调节社会矛盾，使之达到中和状态。

中华文化重视人与自我的关系，讲究“修己安人”，强调“自知者明”“自胜者强”（《道德经》第三十三章）。当今时代，我国经济体制深刻变革，社会结构深刻变动，利益格局深刻调整，思想观念深刻变化，正确认识和处理人与自我的关系尤为重要。自孔子、苏格拉底以来，认识自我成为哲学家们关注的首要问题。

中国古人说：“变则通，通则久”，“变”即创新，“通”即发展，“久”即可持续。只有创新才能更好发展，也只有在发展的基础上才能实现可持续发展。企业要实现“变”“通”“久”的目标，需要构建和谐的企业文化，正确处理好企业与企业、企业与环境、企业与社会的关系，正确处理好企业各职能部门之间、企业与职工、职工与职工的关系。和谐的企业文化不仅能形成奋发向上的精神、团结友善的环境，提高企业的凝聚力，而且能促进新事物、新思想的产生，激发员工的创造力，促进企业内外“和谐”，达到企业经济效益、环境效益与社会效益的统一，最终促进企业自主创新、永续发展。

英达科技有限公司的施伟斌先生，虽是理工出身，却有着深厚的人文修养。在领导企业发展的繁忙工作中，以《每月清谈集》的形式，探讨文化在企业发展中的地位、特征和功能，语言简洁，内容丰富，事例生动，道理深刻，对于我们的企业家在建设创新型国家中促进企业发展和企业文化建设大有裨益。遵嘱是为序。

冯之浚

丁亥京华

冯之浚——国务院参事、全国人大常委、全国人大环资委原副主任、国家软科学研究工作指导委员会原副主任、教授、博士生导师。

置身前线

醉里挑灯看剑，梦回吹角连营。

八百里分麾下炙，五十弦翻塞外声，沙场秋点兵。

——辛弃疾

这首词是辛弃疾中年闲居时，回首往事，有感而发的佳作。辛弃疾确实是智勇忠义，文武全才。他能上马杀敌，也能治水利工程，不但精通军事，对经济亦颇有建树。至于文学方面，他更是词中之雄。每到一处，他都是置身前线，决不作公堂正中、高高在上的大老爷。

在新时代的商场，需要的正是新时代的辛弃疾。重要的是置身前线的指挥能力。当今企业管理层最要不得的是那些商场大老爷——只是整天坐在大班椅上，久不上前线而与实际脱节，甚至因长期缺乏“前线战斗”的锻炼而失去了斗志、动力和敏感。

一个不到前线的企业主管，最多只能担当“管家”之类的角色，而不能领导群雄。

当年指挥越战的麦克纳马拉（Robert Mc-Namara）便是一个典型案例，他是一个与前线脱节的指挥官。

麦克纳马拉是一个数量分析的高手，但因为早期的成功而变得迷信数量分析是万能的。当他执掌福特汽车的时候，只运用系统分析和策划，绝不踏进车间，更以完全不懂得一辆汽车的制造过程而自豪。他后来更把这种心态带进美国国防部，完全偏重计量分析的模式。结果，这位国防部长只靠电脑在大后方隔洋指挥作战，以惨败收场。

我不是在贬低电脑科技的地位。但无论科技如何先进，亦只是工具，决不能代替决策者的观

望和判断。科技只是人类决策的助手，不能代替人类决策。

因此，任何企业管理者若是终日躲在电脑后面做事，最终肯定撞板闯祸。到目前为止，还没有任何科技可以代替人类进行判断。决策者只有经常亲临前线，才能有一种对实况的触觉，做出更恰当的判断。

多年前，当我自立门户做生意时，长辈们就一再叮嘱我必须经常置身前线，了解实况。忘记了是哪位企业家说过这样一番话："一位营销主管应该不时上阵当推销；一位工程经理应该经常参与工厂的工程施工；一位酒楼老总亦应该多做楼面服务，直接招呼客户，以免连碗碟也忘记了怎样摆放。"

最近，我也经常临阵"作战"。这种临阵令我的脑筋更加清晰，触觉更加敏锐，反应更加快捷。

一位企业高层管理者若坐在办公室发号施令，还能身居高位，也就只是凭着年资，他的实践能力可能已经不堪一击。

企业高层管理者应该好好学学微软的老板盖茨。盖茨财富已达 500 多亿美元（还未计算旗下慈善基金的 200 多亿美元），还东奔西跑去了解电脑软件的发展。每次新产品发布会，他都站在台上向全球客户示范操作系统。

如此置身前线的企业领导者，追求的已不是财富了。他的行为只是企业人素质的自然表露。

2002 年 5 月 31 日

“大局观”与“细算力”

未来不可知，

但往事应给予我们希望。

The future is unknowable,

but the past should give us hope.

——英国首相丘吉尔

“大局观，细算力”是一句非常有力、有智慧的格言，尤其是针对一些身处高层的人士而言。

当年，英国首相丘吉尔就是大局观及细算力两者皆备的领袖人物。第二次世界大战期间，丘吉尔以花甲高龄临危受命，力挽狂澜。

他常挂在嘴边的一句话是："我们应该经常离开画布，以便纵观全局。"不过，当 1940 年英国处境极为恶劣，苏联大使询问他的通盘大计时，他的回应是："我的计划是如何捱过未来六星期。"

丘吉尔强调的是长远计划与当前急务二者同样重要。

当年英军远征苏丹，丘吉尔所关心的是：火车的负载量是多少？需要多少个车头？配备什么备用零件？储存多少煤？储存多少油？如何安排车轨信号？准备了多少照明灯？储备多少水？如何运送？车轨多长？需要多少枕木？需要集合多少工人？如何供应他们的食宿？天气如何变化？……一连串的问题。正确的说，应该是一连串非常精确、精细的数字问题。

到底这些问题具备什么意义呢？为什么作为首相的丘吉尔要问得那么仔细？原来当英军不断推进时，运输是关键。可见，这些看似平常的问题却是关系战争大局的问题。作为首相的丘吉尔亲自过问，仔细盘算，绝不马虎，确保每个细节准确无误，才能取得战场上的胜利。他的细算力度之强，令官兵们肃然起敬。

大战局，细计算，同等重要。

最近观看世界杯足球赛，感受相同。教练的大局观——布局固然重要，但球员的细算力——球技同样重要。

若用企业的话来说，大局观是长远的计划，细算力就是日常具体工作的力度。若没有大局观，将不会有明天；若不具备细算力，就是浪费今天。没有明天，今天就没有意义。但如果过不了今天，何谈明天呢？

《菜根谭》有一句隽语：

绳锯木断，水滴石穿，学道者须加力索；
水到渠成，瓜熟蒂落，得道者一任天机。

上一句所描述的是人力的运作，下一句说的是自然之道。

细算力靠的是恒心、毅力。大局观指的是对事物规律的掌握。

不错，未来是不可知，但大局观、细算力给予我们希望。

2002 年 6 月 30 日

康熙背后

前一阵子，《康熙帝国》剧集在香港曾掀起过热潮。很多平时不看电视的观众也被它所吸引，包括本人。商界的朋友说，从中学点做人、处事；政界的朋友说，从中学习克服危机的智慧。

康熙、雍正、乾隆三代是清朝的全盛时期，被称为“康雍乾盛世”。若用生意做比喻，康熙是开创局面的创业者，雍正是守业者，而乾隆是坐享其成的太平皇帝。

康熙在位 61 年，可称历史上伟大的君主，统一中国，建功立业。于我所见，这一切的背后因

素包括运气、魄力、能力、毅力、勤奋、好学。

康熙是顺治皇帝第三个儿子，父亲24岁去世，8岁登基。8岁的小孩非争非夺、非抢非打，能登上皇帝宝座，当然是运气。

运气之外，魄力、能力、毅力把康熙铸就成伟大的君主，建立中国历史上一个伟大的帝国。在位期间，他面对的困难、挑战无数。登基之初，大权在顾命大臣手上。16岁亲政时，面对的是权倾朝野的鳌拜。铲除鳌拜后，又面临着四处重重危机。一是吴三桂、耿精忠、尚可喜3位藩王的叛乱，二是东南方郑氏台湾割据，三是厄鲁特蒙古枭雄噶尔丹拥兵自重，四是俄国彼得大帝进犯东北。每个对手都是既强大又凶顽。

巨大的压力，众多的敌人，若缺乏魄力、毅力、能力，是无法战而胜之的。坚强的康熙大帝，也曾想过放弃，不做皇帝，隐姓埋名于深山做平民。后来被祖母大骂一顿，继续苦撑，凭着顽强斗志维护了中国的统一。

勤奋是做任何事情成功的要素，做皇帝也一样。康熙在位61年是勤奋努力的61年。他自己写的《宫中日课记》就记述了自己每天起居的情况：每天清晨，大约6点就到乾清门“御门听政”。午饭过后，独自读书，思考问题。晚饭后，批阅每天送来的奏章，仔细推敲，“必审其理道之要而后已”。夜半之后，方能休息。次日又是四五点起床，每天睡眠不足五六小时。他写道，如是者岁以为常。皇帝勤奋辛苦，大臣们自然也勤勉努力。严冬的北京非常寒冷，大臣们也要顶着刺骨的寒风上早朝，四点钟就要起床。

康熙的好学不倦、学以致用的精神，也是历代皇帝少见的。他5岁开始读书，13岁就能写一手好字、好文章。亲政后，政务繁忙，仍手不释卷。他说，一刻不观书，便觉心无所依。

康熙对西方自然科学也有浓厚的兴趣。他曾在宫中建立一个化学实验室，生产中国第一批西药。他还研究数学，引进西方的水平仪、望远镜。他第二次亲征，就是用望远镜观察地形，指挥作战。

古往今来，人们都认为做皇帝多风花雪月，其实做一个好皇帝比一般老百姓辛苦得多。晚年的康熙曾讲，最辛苦的事莫过做皇帝，有如老马拖车至死，也无一日休息。

皇帝有亡国之君，有吃喝玩乐之君，当然也

有康熙这样的励精图治之君。一个人的成功并非侥幸，做皇帝亦是如此。

现今没有皇帝了，但凡做大事、负大责任者都不会是享乐主义者，一定是勤奋专注的好学之士。

2002年7月31日

善用时间，阅读有益

不同的人对于时间的认识可能会有所不同，这完全取决于他本人对时间的态度和处理运用的方法。

我们的祖先为我们设计了很多种方法量度时间，如日历、水漏和时钟等。这些时间量度的器具只是用来警告我们时间的飞逝，却不能说明时间本身的意义。

对于一个小孩来说，希望时间快快地过去，早日完成学业，早日自由自在地独立生活；对于一个衰老的人来说，时间是无情的，一转眼便溜

走了，想抓也抓不住。对于一位刚完成重大任务的成功人士来说，会感觉时间的恰当，刚好达成自己的计划；而对于一个失败的人，则会终日埋怨时间的短少，却未能实现自己的目标。

每个人的每天都是 24 小时，不因你的权位、势力、贫富而增多或减少。美国人对于时间的认识，相当的现实和直接，因为他们以商业立国。所以美国的哲学家富兰克林说："时间就是金钱"。他还说："我们不能向别人借多点时间，又不能将时间蓄藏起来，更不能加倍努力地去赚多些时间来用。唯一可做的事情，便是将时间花掉。"是的，我们只可以花掉自己的时间。

如果我们能够将时间运用得当，便会在事业上取得巨大的成功。

一个人的平均寿命大概有七八十岁。换句话说，今天出生的小孩子将会有 28500 天的寿命。当他踏出学校，开始工作的时候，便已花掉了 20 多年的时间。到了五六十岁的时候，他又准备退休。所以，我们最有作为的时间，便是中间的 30 多年，即 1 万多天的时间。但在这段时间里，我们休息、放假、生病等又将花掉一部分时间，剩下来真正用来工作的时间也就只有七八千天。你会惊奇自己有用的时间原来是如此的少吗？

时间既然这么少，你还忍心去做无谓的浪费吗？时间不能增加，花在无谓的东西上多了，做正当的事情的时间就少了。为什么我们不用闲暇的时间去做些不甚迫紧的事情呢？况且，休息之道不在于将自己投闲置散便算了。

真正的休息，是让抑郁的心情散发出来。心的修养最好不过是“开卷有益”。如果将自己的思想开放到几千年来的古人世界里去，不但可以神游广博的学识，而且“温故知新”又可产生出新的概念和方法。

腹有诗书气自华。又或“三日不读书，则语言无味，面目可憎”。可能略有夸张，但多读经典著作确有变化气质的功效。

一个人假如每天抽出一小时阅读经典名著，一年下来必有收获。只不过，在物质财富上可以有暴发户，但在学问修养上却没有一蹴而就的捷径，持之以恒方成正果。

多读一小时的好书，便多一点学养，气质亦呈现一点儿的变化。可曾留意，这样的人无论置

身任何场合，总带来平静、安稳的气氛，使周围的人自然而然觉得舒适。

“书中自有黄金屋，书中自有颜如玉”。实际上书籍又岂止是有“黄金屋”。读破万卷书，积少成多，潜移默化，在文化的深厚处自会寻到恒久的智慧。

能做到这点，何患己身不立！

2002 年 8 月 31 日

听其言，观其行

在英国，你常常会听到人们说“对不起，我错了。（I’m sorry. It’s my fault.）”人们坚持自己的“错误”，甚至不惜为此而吵个面红耳赤。我想这世上最有勇气认错的人，大概非英国人莫属了。

居住在英国的外国人中，流行着这样的一个笑话：在交通挤塞的道路上，甲车撞了乙车的尾部，两车都有些微损伤。甲乙车主把车驶至路旁，围观热闹的人（都是外国人）以为双方一定会因互相推卸责任而闹到警察局。出乎意料，甲乙车

主下车后，连车的损伤程度亦不看一眼，就互相说：“对不起，我的错。”两人争着认错。

经过长期观察后，我发现英国大部分说“对不起，我的错”的人，大都言不由衷。他们的逻辑是，我既然那么勇于认错，你一定不忍再责怪我了。举个例来说说，如果你做错了工作，与其对上司说那些陈旧谎言，倒不如直接承认“我错了”。主管一般都能宽容对待坦白认错者，不会动怒。

确实，每个人都会犯错，一生中有许许多多犯错的经验。有人说：“经验会令我们成熟，从错误中吸取教训会使我们成长。”但是，如果只懂认错，不去改错，永远成熟不了、成长不了。

认错是言语，改错是行动。

无论何时，行动总是比言语更能令人信服。一个人的行为足以把自己的心意清楚显示出来。对于那些整天只知认错而不改错的人来说，言语只不过是水中气泡，丝毫不着边际。行动才是最宝贵，最能说明一切的。

言语与行动是两回事，不可混为一谈。古人说：“听其言，观其行。”美丽的言语只能欺骗愚弄善良的人，但他的行为却无处隐蔽。

在企业内，知错不敢改，对症怕下药，就只有死路一条。改错的方法也许有很多，但有一个共通点——痛。任何改错的行动都不是舒服的享受，皆会带来痛楚。但痛总比麻木好，至少显示还有生命，还未死。知耻近乎勇，耻也是痛的一种，而勇气正是改错求生存的基本条件。

“知错不敢改，对症怕下药”的企业中人，不外乎受到习惯、惰性、私利、自满的牵绊。人性是好逸恶劳、舍难求易的，一旦养成习惯就不容易改，即使明知是坏习惯也难改。这也正是企业人生存的极大障碍。想要进步，便要挥刀斩断这些束缚，甚至要切除一些腐化的“骨肉”，才能再生。

改错确如削肉刮骨，痛楚至极，但唯有如此方能消除毒害，取得成效。

愿共勉之。

2002 年 9 月 30 日

高尔夫球与企业领导者

前不久，有关方面就高尔夫球在中国进行了考察，发现与经济发展息息相关，并得出一连串数字——中国共有高尔夫球会58家，球场141个，球洞3051个。全国高尔夫球场的整体分布状况如下：京沪粤三足鼎立，沿海经济发达区作补充，东北、西北、西南等地区相对较少。高尔夫球场分布几乎与中国经济发展的地区分布状况相同。

现今城市中人对高尔夫球并不陌生，但由于场地甚少，再加上“入场费用”较一般球类运动昂贵，因此有机会参与这项运动的人数十分有限。

在球场上，十居其九是企业家、企业高级行政人员。事实上，高尔夫球是一项有益身心的运动。

据说高尔夫球是从2000多年前罗马帝国牧羊人放牧时用牧羊杖在草地上击打圆石的游戏演变而来。至18世纪中叶，苏格兰人将其发扬光大，并于1754年成立“皇家高尔夫球会”，定下许多准则和条例，至今仍被采用。苏格兰人现在仍是狂热的高尔夫球爱好者。到过爱丁堡的人会知道此城市是世上极少在市区设有高尔夫球场的都会。

高尔夫球的参与者需要的自信、负责、公正及互信，和生意人经商的本质完全一致。高尔夫球赛不容许对错误做出修正，参与者必须对客观形势作出缜密的考虑和对主观条件作最正确的估计，然后击出“无可反悔”的一击。这和生意人决定一项投资或经营策略的过程相似。

高尔夫球手非常明白导致高尔夫球胜败的因素完全是个人，对手的强弱与你自己表现的优劣无关。为了击败对手，你必须全力以赴，没有人能给予你帮助，亦没有人能拉你的后腿。而打网球、乒乓球的个人色彩虽也浓厚，但对手的表现好坏却直接影响你的成绩，这点与高尔夫球的差

别甚大。

高尔夫球与其他运动另一点不同之处是它用不着公证人裁判胜负,亦用不着记分员记录成绩。参与者有否欺骗或取巧，完全靠本身是否公正的性格来决定。大部分高尔夫球参与者的目的不在胜过对手，而在尽一切努力打出自己好成绩。高尔夫球活动可单独进行，亦可多人同时参与，参与者都是“自由发展”，不受他人的影响。上述这些和企业家做生意的基本取态相同。

在打球过程中，高尔夫球手需要根据球的不同位置，选择不同的球杆，在合适的时机以合适的力度击球。企业领导者也一样，必须在适当的时刻把握分寸，采用适当的领导风格。身处瞬息万变的商海中，企业领导者必须随机应变。优秀的企业领导者会因时制宜，在短时间里采用多种领导风格。

高尔夫球活动受到企业领导者的欢迎不是偶然。美国企业家早于几十年前就掀起了高尔夫球热。日本、韩国、中国台湾、中国香港等地随着经济实力的增强，亦在 20 世纪 70 年代开始迅速兴起高尔夫球运动热潮。近年来，中国经济稳步向前发展，我希望见到更多的高尔夫球场在神州大地出现。

高尔夫球活动不仅是一项运动，同时是企业领导者思想训练的方式之一。

2002 年 10 月 31 日

与时俱进

创新是一个民族进步的灵魂，是一个国家兴旺发达的不竭动力……

创新就是不断解放思想，实事求是，与时俱进。

实践没有止境，创新也没有止境。我们要突破前人，后人也必然会突破我们。这是社会前进的必然规律。我们一定要适应实践的发展，以实践来检验一切，自觉地把思想认识从那些不合时宜的观念、做法和体制的束缚中解放出来。

——摘自江泽民十六大报告

中共十六大提出一个基本的理念——与时俱进。中国还要再变，变得更好，更进步。社会在变，市场在变，企业也在变。

然而，不是为了改变而改变，不是为了创新而创新。对于国家来说，一切改变的准则是国家的生存和壮大，即追求国强。对于企业来说，一切改变的准则乃是企业的生存和壮大，亦即为了符合经营的要求而做出的内部改变。一切制度的改变，都是为了促进人的改变，人是最重要的一环。着力点是人，着眼点却是全局。

企业倘若不能迅速和灵活地适应市场变化，便定会被淘汰。要维持货品的竞争能力，企业的效率和利润的正常增长，就必须不断按照市场的变化重整企业架构和管理理念。我们已进入了活跃、瞬息万变、信息繁荣的世界，不断创新、不断求变是今日企业必然的求存之道。

要改变一个人已经很难，要一个企业改变就更难，要改变一个国家那是难上加难。然而，中国做到了。20 多年来的改革，中国改变了，变得更繁荣、更强大。若你仍用 20 年前的心态、观点来看待国家，那你是国家的包袱。若你仍用 20 年

前的观念来看待企业的运作，你肯定是企业的绊脚石，迟早会被踢走。

10多年前，无论在美国、日本、欧洲或是中国香港，管理人员最流行的口头禅是re-engineering（企业再造）。虽然任何口头禅都是时兴的东西，任何时兴的东西都会很快消逝，但是“企业再造”一直到今天还适用，相信还会成为今后任何时代任何管理者都必须要做的。之所以如此，是因为“企业再造”蕴含着创新的内涵。

在发达的信息的推动下，市场变化迅速，企业必须不断重整运作架构和管理理念才能应对，这就是与时俱进。这是个看不到尽头的管理原则。过去市场变化缓慢，企业架构和管理理念刻板，反应迟钝，在信息日新月异的市场环境下已不适用了。

对一个企业来说，由固定的架构和管理理念转变到需要不断重整的动态架构和理念，是个革命性的改变。虽然企业实行“企业再造”是非常困难的，但是若无法办到，将会逐渐萎缩，甚至要面对被市场淘汰的危机。

企业的运作也就是人的行为，若要重整管理

运作必先要重整员工的行为。人的行为受以往的经验所主导,要改变就要放弃对以往经验的依赖。这对每个人来说都是艰难的，因为我们都是依靠以往的经验主导行为。

改变一个企业，必须从改变每一个人的行为开始。改变一个人的行为，必须从改变他们的习惯开始；改变一个人的习惯，则必须从改变他的工作理念开始。由此可见，实行“企业再造”，便必先要重整企业内每一个人的工作理念。

“企业再造”必须由最高层开始。高层要以实际行动表现出改革的决心，才能带动中下层去改变。

中层主管往往是最难接受改变的一群人。中层主管的行为、理念的改变将是运作架构及管理理念重整的成败关键。小至企业，大至国家，面对改革的困难都是相似的。

目前，国家高层领导人不断强调创新、改革，要求人们从不合时宜的观念、做法和体制的束缚中解放出来。然而，这一切能否得到落实，靠的是各省市领导者的改革能力及心态。

企业的管理者凭着以往的工作经验、习惯和

理念晋升至一定的位置，改革、创新则意味着要他们放弃由资历积累来的成果及经验，等于要他们放弃占据高职的实力和资格，令他们觉得自己的地位受到威胁，自然心生抗拒、拖延之念。因此，重整企业一定要由管理层开始。遇上阻力，改革不能落实，企业就要向内部开刀，要从中高层的管理者下手。在这一关键时刻，有责任监管和有权力实施的董事会应该扮演一个举足轻重的角色。

有管理者曾经对我说：“如果我放弃了以往的经验，我跟其他人还有什么区别？我还有何用处？我今日的职位是以往的经验造就出来的，我怎能放弃？”我不同意，回答他说：“你这叫作‘知识障碍’。我们不应陶醉于以往经验，否则便没有了学习新知识的空间。进步不但只是个积累的过程，还是个去芜存菁的过程。”

总之，企业要创新，必须从理念开始。而理念的改变又必须从面对现实开始。我们要找出现存管理运作未能适应顾客需求的地方，参照其他企业改革的成功例子，让每一个员工了解改革的迫切性和不改革所带来的危机，更必须把事实分析得清清楚楚。任何职位都要为适应顾客需要而改变，为顾客解决问题，满足顾客。唯有如此才有存在的价值。

不断地跟随着顾客的要求、市场的变化和科技的进步做出改变，是任何企业生存的唯一保障。

诚然，任何改革、创新都有风险。但人生在世，总要冒些风险。敢于探险，不但能够开阔自己的天地，也能维持内在的活力。长期停留在不变的领域里，人会变得麻木、松懈、怠惰。唯有置身于新思维、新风格之中，才能迫令自己清醒精神、提高警觉。

莎士比亚曾经写过一段劝人大胆探险的文字，内容如下：

“人生在世，时有困处岸滩之难。然而，当潮涨水涌之际，又可能担心乘浪冲海之险而裹足。若不敢适时把握时机，大胆前冲，便可能机会不再，终生困处浅水，未尝大海纵横之乐。”

真正有胆识、胸襟广阔的企业人怎会放过黄金时代、黄金机会，不去一尝大海纵横之乐呢！

与时俱进就是突破前人的进程，行前人之所未行，不时予以检讨，推翻自己的成见。敢于突

破传统、勇于开拓时代风气之先的企业人，方能成为企业真正的高手。

还在等什么？！

2002 年 11 月 30 日

满城争说世博会

2002年12月3日世博委员会在摩纳哥蒙特卡罗举行了2010年世界博览会主办城市投票选举。经过四轮的激烈角逐，上海以54票取得了世博会的主办权。

申博成功的消息传回上海之后，大街小巷一片欢腾，无数市民纷纷走出家门，热烈庆祝。

世界博览会每5年举办1次，深受世人关注。尤其是多年前在西班牙塞维利亚主办的那一次，正好遇到奥运会也在西班牙的巴塞罗那举行，因而格外热闹。后来是葡萄牙举办，在海边设立了

一个海底展览厅，富有刺激性，很受欢迎。

对世博会，西方国家有很多不同的看法，有的支持，有的建议取消。有的纯以经济利益的角度为出发点，无视国与国之间的文化交流。2000年德国汉诺威主办的世博会，美国政府抵制不参加，说是没钱，使得德国很下不了台。这次美国要打伊拉克，德国不支持，总算报了一箭之仇。

不过，两年前德国办的世博会，实在成绩不佳，国家损失了12亿马克，总共只有1800万参观人次。德国人主观追求场面、追求现代化、追求高科技，可是却没有和谐、缺少温暖，观众看不懂。两年前，我因公务出差路过汉诺威，看到的是一片冷冰冰的场面，感觉大而无当。

上个星期，在香港与几位欧洲人聊天。有一位德国朋友说："我们欧洲人现在开始害怕中国强大了。"这句话，我已经听过很多次了。其言外之意是，中国强大后就会侵略别人。我笑着回答说："做惯贼的人总怀疑别人也是贼。"唐代，中国是世界上最强大的国家，也未见有扩张的举动。"侵略"与中国古典哲学思想和中华文化传统格格不入，甚至背道而驰。

目前，中国的经济稳步发展，外资滚滚流入。这个时候只有稳住自己，把握住方向，消除其他国家的“忌妒”之心，方能保证长治久安。

2010 年上海举办世博会，我衷心希望把中国好的文化传统全部表现出来。不要死搬西方的那一套，应该搞点独特的东方风格。并不是旗袍马褂才算是中国文化，上海世博会应该有朴素的东方文化气息。在场面上既不能太“土”，也不能太过豪华。

我相信每个中国人都希望上海世博会成功。我更希望它能成为世博历史上的一个转折点，一个让后人学习的榜样。这才是中国人的真正骄傲。

2002 年 12 月 25 日

中文随想

孤村落日残霞，轻烟老树寒鸦，一点飞鸿影下。

青山绿水，白草红叶黄花。

——白朴《天净沙·秋》

好一幅水彩画——青的、绿的、白的、红的、黄的，再加上一点点飞鸿带来的动态，徜徉其中，自在逍遥。

中国的韵文，多此类文字。只要案头一书，顺手拿来翻阅，便能收怡情之效。

说来惭愧，《每月清谈集》文章本应给读者清明、清新、清闲、清静的感觉，但无奈每每给读者留下过于严肃的印象。我毕竟不是文学中人，文学只是日常思潮起伏的一鳞半爪，文章多抒发

“企业管理”之情怀。

每篇文章发表过后，一天过去，已是明日黄花。泥上偶然留下的指爪，转眼间便被时光波涛洗去。铺在面前的又是一张空白的稿纸，让我再来续写。

若要文字清新，必须心境清明。若要心境清明，必须读好书，尤其读中文书，特别是中国文化中的古典文字。

我最喜欢的古典文字是宋代的作品。北宋中叶，中国出现了很多有名的文学家，他们的一些作品中有很多名句，直到现在还脍炙人口。比如范仲淹写过一首好词：“碧云天，黄叶地……酒入愁肠，化作相思泪。”还有晏殊的名句：“无可奈何花落去，似曾相识燕归来。”还有欧阳修：“醉翁之意不在酒，在于山水之间也。”另外一位司马光，著作不是诗词，而是几百卷、上下三千年的《资治通鉴》，千年来都是我们中国历史学上最重要的典籍之一。跟司马光几乎是同时，但政治上是对立的王安石，最大的政绩是实行了变法，最大的失败是变法没有真正成功，但留下了一些名句：“春风又绿江南岸，明月何时照我还”“春色恼人眠不得，月移花影上栏杆”。

比上述诸人更有名的全能才子，书画、文章、诗词皆属极品佳作的苏轼——苏东坡，留下的名句更多："大江东去，浪淘尽，千古风流人物""惊涛拍岸，卷起千堆雪"。每年中秋节，我们就会记起："明月几时有，把酒问青天""但愿人长久，千里共婵娟"。还有"不识庐山真面目，只缘身在此山中"。他在《赤壁赋》里的一些短语，现在我们日常生活中常常挂在嘴边，如"正襟危坐""杯盘狼藉""山高月小，水落石出"……唯有天才，才有如此的文采。

环顾一下，世界上有哪一个民族，能对 1000 多年前作家的句子不但了解还能背诵如流呢？这是我们中国文化固有的优点。其实不要说 1000 多年前了，2500 年前孔子的"学而时习之，不亦乐乎"，《诗经》的"关关雎鸠，在河之洲，窈窕淑女，君子好逑"，我们都能背诵。可见中国文化的延续性和凝聚力是非常强的。

中国人的情怀，非用中国乐器表达不能舒畅；中国人的心，不用中国文字书写，不能触发感应。

若然心中混杂，自是无法清明，又如何写出清新的文字呢！还是立定心肠，多读、精读、深读中文书好了。

以下是苏东坡的《定风波》：

莫听穿林打叶声，何妨吟啸且徐行。
竹杖芒鞋轻胜马，谁怕？一蓑烟雨任平生。
料峭春风吹酒醒，微冷。山头斜照却相迎。
回首向来萧瑟处，归去。也无风雨也无晴。

真是毫无污染的旷达，令人读来海阔天空，舒畅的感觉实在难以形容。有人说："清，乃是中华民族文化精神生命的心源之美。"确实如此。

深刻的生活衍生于深刻的心灵，阅读深刻的文字自能进入生命至深至清之所在。

多读古文，自然清明。

2003 年 2 月 10 日

心有所主，行无所惧

只要心中还有，
只要梦里还有，
即使满地残梗，
即使满天残星，
不死的，
仍是我的信念。

现代人有很多恐惧，既有前人所谓的“既怕千年无米煮，又怕无命享千年”，又怕失去地位，害怕不为别人接受，害怕别人对自己知的太多，害怕别人对自己知的太少，害怕静寂独处，害怕环境变化，害怕刻板沉闷，害怕不知所措，害怕没有身份，甚至害怕付出。

要驱走恐惧，要安身立命，重要的在于人对自身内在价值的肯定。若然心中的灯熄灭了，自然惧怕。反之，若然心中的信念坚定，何惧之有呢？要在悠悠天地之间安身立命，还是从内心做起，建立自己的内心秩序，建立信念。

当年黑人民权领袖马丁·路德·金博士坦然地放弃牧师、学者身份，放弃扮演社区贤达的角色，效法甘地的样式，剑及履及地行动，为自己所持的信念奋战。

当今的企业人又如何呢？又有多少时候，愿意挺身而出，择善固执呢？现代企业最需要的，便是能够自觉地站出来为自己的信念拼搏的人，尤其需要勇于任事、敢于争取的人。

信念驱使企业人敢于开创、敢做敢言。企业人信念坚定，自能定立场、尽本分、守原则。从信念产生立场及原则，再激发出果断和坚毅的行动。行动中所展现的“劲”及“势”是信念和气魄的总和。

气魄是文化心性修养所培养出来的效果。不要误以为中国人事事求妥协，多一事不如少一事。中国文化中本来就蕴含了刚强的一面。中国文化即深厚沉重，也落落豪雄，孟子便是一个典型的大丈夫、豪杰之士。

登天骑白龙，走山跨猛虎。
叱咤风云生，精神四飞舞。
大人处世当与神物游，
顾彼豚犬诸儿安足伍。

这首诗的作者秋瑾，便是与孙中山一起推翻清朝统治，还政于民的一代豪杰。诗中所呈现的气魄就是中国文化中刚健的一面，字里行间散发出的豪情壮志也是中国人的风骨气概，确实得中国文化陶冶之功。

中国文化博大精深，只要有心浸淫其中，必有所获，有助于信念之建立、气魄之提升。

中国人的企业是站在中国文化之上的。中国企业人心中的信念若植根于中国文化，他们经营的企业必具生命力，在情、在理、在法都会立于不败之地。既然心中的信念立足于深厚的、刚健的、豪情壮志的文化，所有行动就是落落大方、率性认真、坦坦荡荡的——货真价实、三赢局面（买卖双方及社会三者都得到最佳经济效益）。

中国的历史是由无数充满生命力的中国人聚合激发出来的历史。中国人的企业脱离不开中国历史，必然与中国文化相通。

中国企业人的内心秩序及一切行动皆是潇洒、坦然的，何惧之有呢？

2003 年 3 月 30 日

向医护人员致敬

我们对前线医护人员的最大支持，就是遵守有关的卫生指示，并保持身体健康。

在商海的10多年里，我曾参与过好几场生意的“战役”，在前线与“敌人”周旋，其中有一两场的战况相当激烈。但对于站在商海前线的人员来说，至少生命不会受到威胁。同时，我们或多或少都知道“敌人”的运作模式，也知道他们来自何方，想做什么。更值得欣慰的是，我们知道怎样能打败他们，也具备所需的资源及实力，无论如何最后都能战而胜之。

但请你试想一下：在一场战役中，你面对的“敌人”是无形的，无色、无味、无臭，难以捉摸，在某些情况下还有致命的可能。更可怕的是，你对于这个“敌人”的行为模式，以及它的弱点等都一无所知。当你知道它在面前时，可能已经太迟。你无法为自己提供十足保障来与它对抗，又没有可以彻底消灭它的武器。而目前全国多个城市面对的抗击非典就是这样的一场战役。

在这场战役中与非典型肺炎正面交锋的医护人员及其他前线工作人员是真正的勇者。我们向他们致以最崇高的敬意，并予以全力支持。

我不懂医学。不过从战争的影片中得知，我们最不应该做的是让敌人有机可乘。我的亲身经历告诉我，在商海战争中最不应该的是掉以轻心，风险意识是生意场上最基本的。

因此，我们协助前线医护人员的方法，就是尽可能清除一切会让病毒滋长的因素，并严格遵守有关个人及环境卫生的指示。这是我们起码的责任，只有这样才不会辜负与病毒奋战的医护人员，特别是那些因而病倒的医护人员。

此外，我们也要保持身体健康，因为无论我们从事哪个行业，站在哪个岗位，都要准备好可能来自不同方面的压力。非典型肺炎的爆发对经济的影响可能会相当巨大，对金融市场亦会带来不利影响。中国香港、中国台湾、新加坡的政界、商界很多知名人士认为此次抗非典战役对区内的经济影响甚于过去的亚洲金融风暴及“9·11”事件。我们希望这些影响不会造成系统性问题。不过，在我们往好处想的同时，也要有最坏的打算，做好充分的准备。

具有强烈的风险意识，才能将风险降至最低，才能帮助自己、帮助别人渡过难关。

2003年4月30日

决策时刻与领导特质

“所谓‘领导’，包含两个方面：它既是一种权力，也是一种责任。”“一个领导者必须树立坚强的信念，明确予以说明，确实依这些信念而行，并承担成败责任。”这是前纽约市长朱利安尼在他的新书《决策时刻》中的警句。

朱利安尼这本书的英文原名是*Leadership*，去年 10 月初在美国出版，几天之内就登上亚马逊书店畅销排行榜榜首，然后连续几个星期高踞《纽约时报》《出版人周刊》畅销书排行榜第一名。去年年底，台湾出版中译本，在今年 2 月台湾书展中也成为最受欢迎的一本书。

朱利安尼担任纽约市长8年，原本只是一位被认为有效带领纽约走出高犯罪率城市的一位市长。2001年纽约发生“9·11”事件，朱利安尼果断而勇敢地领导救灾，带领800万纽约市民渡过劫难，使他对领导的体会提升到一个新境界。2001年年底，他被《时代》周刊选为年度风云人物。同时，他离开了市长的职位，开始写*Leadership*。

这本400多页的书，如果只是探讨“领导”才能与条件，不可能会是畅销书。它畅销的原因，是作者以自身经历的一个个故事，告诉读者领导者的特质是什么。

领导者最主要任务是作出正确的决策，因此中译本将朱利安尼的*Leadership*译为《决策时刻》是有一定道理的。

朱利安尼在这本书中认为，领导者要有一些必须具备的特质，其中三点如下：

一是他必须直接和大众面对面沟通。朱利安尼每天召开例行记者会，每周到不同社区召集区内市民开大会，回答记者、市民的问题。他说，有时候民众只是期望自己的问题受到关切，有人出面处理，至于结果是否如提出者之所愿反倒不是重点。

二是举行多层幕僚会议，引导大家争论。他认为，必须让幕僚相信领导者对议题还没有结论，这样大家才愿意激辩，从而擦出创意火花。

三是尽管在决策之前应尽量花时间仔细推敲，但决策过程必须立刻展开。他说他 26 岁当助理检察官时，他上司的座右铭是“Just do it（尽管去做）”，或者可以讲“行动最实际”。许多事情应做了再说，切忌三心二意。

当然，这只是全书的极小部分，也是领导特质的极小部分。更多内容和故事，大家还是找这本书来看吧。

2003 年 5 月 30 日

兼容并蓄，辗转相借

中国文化不仅源远流长、博大精深、丰富多彩，而且兼容并蓄，吸收能力很强，稳定性很高。说起来，中国的舞蹈、雕刻、绘画、音乐都曾经受到中亚、西亚或南亚的影响，但是后来这些外来的养分完全被吸收到中国文化中了。举个例子，胡琴是从西域传来的，可是今天有谁不认为它是一种中国乐器呢？如今用胡琴来演奏的音乐就是纯纯粹粹的中国音乐了。

中国文化的吸收能力，也表现在现今城市的各个方面。在香港，人们将小商店叫作士多

（Store），保险叫作燕梳（Insurance），出租汽车叫作的士（Taxi）。多年前，“乘的士”的叫法又回销到内地。例如，在北京乘出租车就叫“打的”。可见文化交流是多重性的——先从英文到广东话，再从广东话到北京话。

大家都知道日本人用汉字，但现在汉语里也有日文辞。譬如，吃的“寿司”、用的“电话”、看的“杂志”、馆子里的“料理”等都是来自日语的外来语。

现在影艺界流行“写真”一词，很多人以为来自日语。其实，“写真”是汉语。中国自古就有“写真”的说法，意思是绘画图像，画人真容。日本人假借“写真”来指摄影。摄影有人像一类，叫作“写真”，本很恰当，但把“写真”当作一般的摄影照片是日本人的用法。20 世纪七八十年代，香港把“写真”一词又再借回中文，特指某一种艺术或色情的人体照片。不过，这种用法到了 90 年代又再转变，渐渐脱去色情的含义，而专指优美的人物照。我们现在说某某人出了一套“写真集”，并不带有任何贬义。“写真”源自中土，借入东瀛，再转反粤语，目前又传播回大陆。词

义一再改变，由无色而有色，由有色再无色，几经变化。可见文字也是辗转相借而最终达至共用共享。

东汉时，佛教传入中国。中国人把佛教充分地加以消化，还把中国固有的哲学，例如老庄的哲学，融入佛教的教义中去，使佛教成为“中国的佛教”，并且还创立了大家熟悉的禅宗、天台宗、华岩宗、净土宗等教派。可见，宗教、文化不仅是单纯的移植，而且还可以相互融汇而共享。

既然音乐、舞蹈、文字、宗教、文化都是可以在相互交流的过程中达至兼容并蓄，我相信企业管理也不例外。中国企业界将会在学习西方管理理论的过程中，提炼出一套完整的先进的中国式管理模式，最终达至“我中有你，你中有我”的兼容并蓄之境界。

2003 年 6 月 30 日

抓住老鼠就是好猫

不晓得是什么缘故，中国很多的习惯和西方的习惯恰恰相反。譬如，写日记，我们先写年，然后月，最后是日。英文的顺序，却刚好倒过来：日、月、年。写地址也是一样，英文由小至大，按门牌、街名、区域、都市、国家的顺序。中文正好相反，从大到小，国家在前，门牌号码放在最后。表示对景仰的人的尊重，西方往往把一个地方换上他们的名字，所以美国首都叫华盛顿，差不多每一个州都有一个林肯市。十月革命后，苏联把圣彼得堡改为列宁格勒，苏联解体后马上又改回原名。中国都是把所尊重的人的出生地当成他的名字，因此康有为、梁启超又被人们称为康南海、梁新会。

还有很多例子。你称赞一个外国人，他回答

一句“谢谢”，全数受落，我们觉得他未免有点自大。外国人赞我们，我们回答“哪里，不敢当”，他们也觉得我们虚伪。如果我们看不见他们的坦率，他们看不见我们的谦厚，那么我们各自的世界就失掉了一份“丰盛”。

生活如此，管理亦然。对同一个问题，中西管理理念往往非常不同。中国式管理有一句俗语叫：“用人勿疑，疑人勿用”。而西方管理原则是“用人必疑，疑人未必不可用”。西方管理注重业绩，3 个月就要见效果，亦有审查制度发挥作用，作弊者不能明目张胆，亦不可能掩饰得太久。中式管理往往要考虑很多人情世故，还经常出现“情”大于“法”的现象。

另外，西方管理学较注重沟通，一般管理者以“open door”为办公室指引，“talk to me”为简易的信条。然而，到了东方管理下属，恰恰遇上东方文化的“尽在不言中”和“欲言又止”诀，凡事未到“不可挽回”的地步不会自行提出，因为一切有所谓的“传统智慧”和“固有态度”。如果没有强力冲击，一般情况下管理者是不会进行改革的。

管理的目的是为股东创造可持续发展的价值。这一点无论是东方或西方的看法都是一致的。然而，因为文化、生活习惯的差异，所采取的手段有时似乎截然不同。若是相同，我们称之为“英雄所见略同”；相异也不是一定是相互排斥，也能各擅胜场，相辅相成。

办事的方式、方法有很多，关键是合情、合理、合法，最重要的是达到目的。

改革开放的总设计师邓小平说过一句名言，“不论黑猫白猫，抓住老鼠就是好猫。”伟人的看法是不应该纠缠在手段本身，重要的是达到目标。

21 世纪的管理观念是中西混合，不同的管理方法适用于不同的时空。

对症下药才是关键。不论是西药中药，治得好病就是良药。

2003 年 7 月 31 日

实践是检验真理的唯一标准

前几天在香港与几位朋友聊天，得知一位最近投资失利，负债累累，情况严峻。有朋友觉得难以理解，为什么一位获得经济学博士学位，又曾在投资银行担任过高层管理者的精英，会落得如此的惨败？

我说，教人投资很容易，自己投资很难。

要知道，教人投资只是出口术，口水乱喷也无妨。凡是读过几年书，当过分析员的，都会说得头头是道，投资失利无须负责。

然而，自己投资就完全不一样了，损失多少

全都是自己负责。输小钱无妨。输大钱，或者全部输光，马上变成囊中羞涩，甚至要卖房还债，连供孩子的生活学习都成问题，甚至一生可能没有翻身的机会。这样严峻的后果，只有经历过的人，才知其沉重。

不亲身实践，不准备承担后果的人，往往特别“自以为是”，喜欢做“师爷”，正应了那句“讲就天下无敌，做就有心无力”的话。

这种作风，在商界是完全行不通的。实际做生意的人，只讲成败。若你有一百套、一千套的理论，公司最终蚀钱，关门大吉，只能说明你的理论脱离实际。但若你生意成功，业务蒸蒸日上，你的所有行动及计划就变成了最好的教材。

记得在改革开放初期，许多人在理论层面争论不休，谁也说服不了谁，徒增内耗而已。久经沙场的邓小平深明其理，搬出三句话：“实践是检验真理的唯一标准”“不论黑猫白猫，抓到老鼠就是好猫”“摸着石头过河”。正是这三句话，开拓了中国改革开放的坦途。

这三句话，既适用于国家宏观的政治、经济

体制改革，也同样适用于企业管理，企业中人应深入体会。

2003年8月31日

最珍贵的付出是你的承担

……各位同学，也许你今天认为你对别人最珍贵的付出是你的情。将来，你会知道，你最珍贵的付出其实是你的承担。

——李嘉诚

这段文字是 9 月 19 日李嘉诚先生在汕头大学主持开学典礼时致辞的结语。

精彩的一句话，使我想起一个故事：

肺炎，100 年前是不治之症。

苏（Sue）与琼西（Johnsy）是纽约两位年

轻的穷画家。琼西不幸患了肺炎。医生轻声告诉她同住的室友苏，她大概有十分之一的治愈机会，而这十分之一的机会只留给求生意志强的人。琼西已陷于沮丧之中，医生认为很困难了。

天气渐渐冷了，琼西每天望着窗外在墙上攀爬的常春藤的树叶，一片一片落下。她在倒数“12、11、10……”她对苏说：“等到最后一片落下来时，我的生命也将结束。”苏听后很生气，然而她无论如何也无法让琼西振作起来与病魔奋战。

在她们楼下，住着一个潦倒的70多岁的老画家贝尔曼（Behrman）。他一直有个梦想，就是画出一幅不朽之作。他关心楼上两个女孩子，也非常清楚琼西的情况。

连续几个风雪之夜，琼西认为常春藤的叶子要掉光了。她拉开窗帘，发现在风雪迷漫中，那最后一片叶子还在，它勇敢而坚定地悬在枝干上。琼西突然醒悟，和那叶子比起来，自己太脆弱了。于是她振奋起来，重新燃起求生的意志，而她的病竟渐渐复原了。

贝尔曼先生在医院因肺炎死去。管理员发现他痛苦地躺在床上，全身湿淋淋的。在琼西窗口的围墙下，有一张梯子，地上有画具。天晴时，苏和琼西看清了常春藤上那一片叶子，原来是贝尔曼画上去的。

这是美国 19 世纪作家奥·亨利（O·Henry）的小说《最后一叶》。

故事内容确实令读者的心情难以平复。贝尔曼的最后一叶是绝对的不朽之作。他不仅付出了友情，他付出了承担——肩负起重燃琼西的求生意志的责任。

不错，付出承担比付出情要珍贵得多，要高出很多层次。

无论你的承担是一个人，还是一个家庭；一个部门，还是一个企业；只要你真正挑起担子，负起责任，你就会得到其他人的尊重。

2003 年 9 月 30 日

神舟五号的神采

前几天，中国首名升空的宇航员杨利伟访问香港，受到市民英雄般的欢迎。

在前年夺得2008年奥运会主办权，继而成功加入世贸后，中国载人航天又取得了成功。这一切体现了中国的国力不断增强，中国在经济和科技上已跻身强国之列。

杨利伟为中国人圆了数千年来的航天梦，这在国人心中有着民族抬头、吐气扬眉的象征意义。距离人类第一次进入太空已过四十二年，“神舟五号”壮举使中国荣膺世界载人航天第三名。

1961 年，苏联宇航员加加林乘坐“东方一号”宇宙飞船安全返回地球，成为世界上第一个航天员。当时苏联全国都感到无比骄傲和自豪，似乎一夜之间成为世界“头号强国”。而美国则垂头丧气，他们怎么也想不到自己这个世界的“大哥大”转眼竟变成了“二流国家”，连它的盟友也纷纷质疑当时美国的实力。后来美国人投入巨资，经过几十万名科技专家的努力，于 1969 年用阿波罗十一号将两名宇航员送上月球，才重新夺回航天领域的世界领先地位。

直至今天，载人航天仍具有多方面极其重要的意义，是一国的综合国力、科技水平、国家形象的指标，更为重要的是参与国际事务能力的指标。

最近美国对伊拉克动武，说打就打，这就叫强权。在国际舞台上，说什么道理都是假的，最后是讲实力。实力简而言之，一是财，一是力。无钱被人欺，无力被人打，既是市井“哲学”，也适用于国际舞台，本质都是一样的。

苏联拥有大量核武器、生化武器，美国就不

敢打。别说行动，连讲也不敢，只讲谈判，最多是冷战。伊拉克无“力”，美国便直截了当，就是要打你，又怎样？

当年毛泽东是深明此理的。20 世纪五六十年代，中国那么的穷，硬是把原子弹和火箭搞上去。因为他老人家很清楚，有原子弹与没有原子弹大不一样，讲句话分量都不一样。

有了“力”，再加上“财”，才说得上是有实力。今天中国手里有几个钱，也有点力，才有点国际地位，人家才给你几分薄面。

然而，实力的凝聚是需要付出的。这一次“神舟五号”升空圆满成功，凝结了中国几代航天人的心血及智慧，是无数有名及无名的英雄一起完成的一项创举。

从电视新闻得知，90 多岁高龄的中国航天之父钱学森发出了贺电。这位 20 世纪 50 年代从美国回国的火箭专家，组建了中国第一支火箭及导弹技术队伍，看到了今天的成就应当老怀安慰。

我们在为今天的英雄们欢呼的同时，别忘了前辈们曾经为中国的航天大业付出的心血。这是一项大的事业，没有几代人前赴后继的努力，不会有今天的神采。

2003 年 11 月 12 日

聪明与智慧

不要满足外在的聪明，应该努力探求内在智慧。

世界上聪明人不少，有智慧的人不多。

聪明与智慧应该有区别。有说聪明反被聪明误，但从来没听说过智慧反被智慧误。

什么是聪明?

聪是从耳，明是从眼睛。耳朵灵敏，听声音很清楚就为之聪；眼光锐利，看得远、看得清楚便是明。这就是聪明，耳聪目明。

我们说一个人聪明，是指这个人对外界信息接收得很快，反应很迅速，把握很准确。他通过眼、耳、鼻、舌等身体各器官接收外界信息，并且快速处理。比如说一个学生在指定的时间内准确地完成了考题，名列前茅，我们说他是聪明的学生。又比如说，有人在房地产市场、股票市场赚了钱，我们说他是聪明的交易者。然而，聪明只能解决“用”的问题，解决不了“心”的问题。

有些聪明的大学生毕业后，成不了大气。自己当老板，关门大吉；当职业经理人，完成不了老板的任务；当官，愤愤不平，怀才不遇；当兵，不服从指挥，升迁无望；做医生，没有医德，成不了名医；做教师，无法启发学生的思考；当金融经纪，虽赚了些钱，但仍逃不过金融风暴，棋差一招，损手烂脚告终。

上述例子比比皆是。这说明凭聪明能解决的问题是局部的，聪明反被聪明误就是说明聪明的局限性。

智慧就不同。智是见识；慧从心，指一切通达。智慧比聪明层次高。有智慧的人一般具备以下两个特点：

第一，有智慧的人看问题是从事物的规律入手。他们从本质上看问题，不被表面的现象所蒙蔽。他们看大节，而不看枝节。无论从事什么工作，他们注重的是“职务的灵魂”。例如，职业经理人的职业就是完成企业的目标；服从指挥是当兵的天职；老师的责任是启发学生的思考。在他们看来，一切行动都是顺应大自然的规律。

第二，有智慧的人善于汲取教训。自己犯了错误，善于汲取教训，不会重犯；别人犯错，会从中学习，不会重蹈覆辙。

当年，邓小平汲取深刻的历史教训，紧紧抓住市场经济的规律——自由买卖是双赢、世界上没有免费午餐，结果才有了今天中国经济的飞跃发展。

邓小平确实很有智慧。

此为新年之感。

在此祝福大家在新的一年，更有智慧——明白更多的大自然规律，并能不断从别人的错误中学习提高。

2003 年 12 月 31 日

猴年说猴

今年是猴年。

谈起猴子，一个普通的话题大概就是：人类真的是由猴子进化来的吗？达尔文“进化论”提出的这个问题，人们至今仍然在追寻圆满的答案。

猴子的活泼、精灵、可爱，在千百年的悠悠历史长河中早已得到公认。加上貌似人类，人们对他更是喜爱。

中国古代神话与传说中，人与各种动物时常相互幻化，龙、虎、马、狐等都能化为人，人也会在某种情况下化为动物。

一讲起猴子，就会联想到孙悟空。这位神通广大，充满造反精神，但又有正义感的美猴王，深得人们喜爱。

大家皆知《西游记》是吴承恩的力作，故事主线是唐三藏取经。不过，唐代的《大唐西域记》及《大唐大慈恩寺三藏法师传》里都没有孙悟空、猪八戒、沙和尚这几个角色。到宋代《大唐三藏取经诗话》才出现“猴行者”和“深沙神”的形貌。到元代杂剧中，孙悟空、猪八戒、沙僧全部出场了。吴承恩是明朝人，写《西游记》应该是受到前人作品的影响，促发了他丰富的想象力。他把孙悟空的性格塑造得那么生动，实在令人佩服。

孙悟空七十二变，本领高强，无拘无束，爱闹天宫就闹天宫，爱飞就飞，爱打就打，令人喜爱，让读者回味无穷。

什么是猴子性格？可以这样说，猴子像人，但不像人那样受种种规矩的束缚，能突破框框，表现原创性。用现代的话来说，叫作极富创新、创意。不过，框框有时也是客观规律的反映，不能说随意打破就打破。孙悟空一口气翻了三个筋斗云，还飞不出如来佛的掌心。如来佛的掌心象征着客观规律——大自然的规律。

七十二变的孙悟空，百般武艺皆精的猴王，吸天地之灵气，自称齐天大圣，大闹天宫后被压在五指山下五百年之久。后又跟玄奘法师到西天取经，路途险恶，经历九九八十一难，降妖伏魔，艰辛倍偿，最后成为“斗战胜佛”。这个佛号充分展示了老孙的独特个性。

由此可见，《西游记》中的孙悟空碰壁后，既接受了客观规律的规限，又保持敢作敢为的性格，终得正果。人们喜欢的就是这一“猴气”归正的形象。

新春佳节，谨祝大家如意康乐，并祈愿：

金猴扶正气，

玉宇荡春风。

2004 年 1 月 31 日

《好爸爸，忘不了》

这是一本由两个小女孩子写的书。两个女孩是两姐妹，一个是 9 岁的朱家妤，一个是 7 岁的朱家杉。

两个女孩的父亲，原是在纽约当律师的朱希德。他为了用新的计算机软件来教中国内地的孩子学英文，于是与太太和两个女儿到香港生活。去年他染上非典，不幸逝世。一个幸福美满的家庭，一下子陷入悲痛与绝望中。两个小女孩怀念已离开世界的爸爸，又想做一点事来安慰常常流泪的妈妈，于是写了这本《好爸爸，忘不了》。

小孩的爸爸在医院的时候，家妤和家杉写了几首诗，希望爸爸平安回家。爸爸去世了，她们希望爸爸还在，还能依偎在他的身边。

小孩的妈妈长期作家庭主妇。丈夫死了，她要面对生活，要应付许多难题，要独力抚养两个女儿，为此常常哭泣。两个可爱的女孩，看到妈妈难过，就像小天使似地给妈妈安慰与支持。7岁的家杉看到妈妈想得出神，就问她："妈妈，你在想念爸爸吗？"然后说："我看见你在一个房间里。那儿有两个指示牌，一个是'不能进入'，另一个是'不能离开'。"这是多么有智慧的话，正好说明妈妈的心境。妈妈问她："你爱妈妈有多少？"家杉说："每一个一爱一个二，每一只袜子爱一只鞋子，每一根洋烛爱一个蛋糕，而我爱你。"充满童真又那么感人。

在《好爸爸，忘不了》这本童书中，9岁的朱家妤的一篇《爸爸不在的日子》特别让人感动。她写道：

"这个世界没有人永远活着。人们一个一个地衰老死去。有些人因病去世；有些人只是自然死亡；有些人就遇上不幸丧生。爸爸因患上非典型肺炎离开世界，我和妈妈、妹妹三人得相依相靠。”

“有时我们惦念爸爸，就会哭起来；但我们知道要放开，让这事过去。幸好我们交上许多朋友，纵使没有爸爸在身边，日子也比较容易过。”

“当我们知道不用单独面对这个世界，心里感到很多安慰。虽然一到晚上，妈妈就会哭。但现在她少哭了，要是她不再哭，我就会开心得多。”

“虽然爸爸离开，我们仍然会想起他——想起跟他玩，跟他谈天，跟他分享，跟他相亲相爱的日子。是深深的思念。我哭没这么多。事实上，现在我简直没哭。不是说我不爱爸爸，只不过要是我哭也会惹哭了妈妈。”

“日间，我会做点事叫自己分散注意力，不去回想往事……因为我明白，要是我不断想念，只是想念爸，我会永远活在痛苦中。到目前为止，我这个想法非常行。……可是我想用在妈妈身上就行不通了。她与爸爸一起生活太久了……要她放开，实在困难……爸爸既已离去，我想把他好好收藏我的回忆中。我只能记起他是一个好爸爸。”

多可爱又懂事的小女孩，文章写得这么真实，又这么动人。这本书是香港的突破出版社出的，书的全部收入将拨入这两个女孩的教育基金。

这本书让我一边读一边热泪盈眶。每一个人的幸福不是必然的。然而，有多少人是“身在福中不知福”呢？

2004 年 2 月 28 日

学位以外

中国读书人，古往今来皆受中国文化的滋润，气质风骨在不知不觉间养成。然而，却从来就没有用学位确认文化修养、心性修养的。

当今的学位基本上是知识的学位。就算是较为通识的学科（如人文科学），也是一种知识掌握上的确认。虽然人文科学的内容已相当注重文化性，其学位的本质也不在学者本人的文化修养及心性修养。

“风声、雨声、读书声，声声入耳；

家事、国事、天下事，事事关心。”

这不但是中国读书人的胸怀，也是其他国家知识分子的抱负。但是，没有学位能确认这种抱负情怀。

我认为一个人可以缺乏正统教育下的知识，但绝不可以缺乏心性修养。心性修养的主要养料就是文化，而成果便是一个通情达理的人。

当今企业界不断追求高学历的员工，这本是一件好事，因为企业中人不可以不具备专业知识。但专业知识只不过是工具。中国自古就有才与德之论述：才指的就是专业知识，德指的是心性修养。而才德兼备之士方可任大事。

不少人误以为谈文化修养及心性修养是唱高调，对企业管理来说不切实际，而我认为事实却正好相反。

企业人的文化及心性修养不是锦上添花的东西，也不是一般人所谓“发财立品”。好像是有了钱之后，才可以谈文化心性，把文化及心性修养变成了装饰品。

文化及心性修养是企业人必备的先决条件，也是基础条件。既是最先要具备的，也是最后不可或缺的。

试问：有什么企业管理学科专门培养企业人的大局观？有什么学位可以保证持证人具备处忙不乱、处变不惊的定力？有哪一间学院的毕业生一站出来就有大将风度——品格高尚、意志坚定、为人通达？

我不是故意贬低学位的地位，只是再三强调技能与知识的掌握不等于胸襟气魄的培养。成功的企业管理者，确实必须具备领袖的风范气度，这一切取决于文化及心性修养。

事实上，缺乏心性修养的企业人，确实难以日理万机而游刃有余，置身人事纷杂之中而仍从容自在。

文化及心性修养，就是让企业人能够掌控全局，不至于故步自封、画地自限。

有谁不愿意与令人如沐春风的人相处共事呢！

与大家共勉。

2004 年 3 月 31 日

克服心魔，无往不利

知彼知己，百战不殆；

不知彼而知己，一胜一负；

不知彼，不知己，每战必殆。

——《孙子兵法·谋攻篇》

提起《孙子兵法》，许多人便想起了《谋攻篇》里的这些流传最广的名言。

其实，孙武这句话有两点值得讨论。

第一，所谓“知彼知己”，有些人误读为“知己知彼”。根据原文，确实是“知彼”在先，“知己”为后。难道不可以说“知己知彼”吗？根据中国传统重视排列座次，这个次序应有寓意。

第二，孙武说的话不够周全。他说“不知彼而知己，一胜一负”，然而“不知己而知彼”又如何？是否也是“一胜一负”呢？又或者，“知彼”未必能“知己”，但“不知己”则肯定也不能“知彼”，所以不必提起呢？

“知己”难还是“知彼”难？人贵自知，肯自己照照镜子的人甚少，即使是照镜，许多时候也是顾影自怜，自我欣赏。看别人，往往是“旁观者清”；看自己，则往往是“当局者迷”。故“知己”难于“知彼”。我相信这个论断。

“知彼”是认识对方，“知己”是了解自己。只有了解自己才能超越自己。金庸的武侠小说《射雕英雄传》里，谈到华山论剑这一幕，西毒欧阳锋因为修炼了《九阴真经》，打败了东邪黄药师及北丐洪七公，看来要做天下第一高手了。幸好在此关键时刻聪明女黄蓉心生一计，对欧阳锋说，有一个人你打不赢，他在你背后。而此时已经是疯疯癫癫的欧阳锋回头一看，见自己的影子如影随形，于是与影子打起来，当然是永远打不赢了。

这个故事不但象征了“知己”之难，而且点出其难处源自我们的“心魔”。若能克服心魔，则无往而不利。

若以《大学》说的“物有本末，事有终始”而论，则“知己”是本，“知彼”则是末。“知己”是内功，“知彼”不过是外功。当然是修炼内功为根本。孙武说“知彼知己”，“知彼”为先，是为下智者说，怕其先“知己”而走火入魔。对上智者而言，也不怕“知己知彼”，先练内功也无妨碍。

2004年5月13日

领导不能没有棱角

最近英国广播公司（BBC）举办一项有关英国史上最伟大的人物选举，前首相丘吉尔赢得了第一。丘吉尔是否伟大，我没有资格评论，但如果说他是谈吐最幽默，应对最有智慧的人，的确不作第二人想。

手上有一本多年前英国同学送给我的书 *The Wit & Wisdom of Winston Churchill*，记录了超过千句丘吉尔的名言隽语。我想最能展示丘吉尔领导才华及振奋人心本领的，莫如他的多篇战时演说。然而，演说篇幅较长，不方便在此详细抄录。我在此引述书中几段话，让大家欣赏丘吉尔那种令人拍案叫绝的语言魔力。

当丘吉尔首次参选时，他也要逐家逐户去拜票。有一次碰壁了，对方说："投你一票？我宁愿把票给魔鬼好了！"但丘吉尔很有礼貌地回答说："我明白，但如果你的朋友不出来选，请把手中一票留给我。"

有一晚丘吉尔在下议院饮多两杯，撞到工党的女议员 Jessie Braddock，一个身段极肥胖的女人。她咆哮说："你饮醉了！而更加重要的是你醉得令人恶心！"丘吉尔立即回敬："恕我说一句，你好丑，而更加重要的是，你丑得令人恶心！但当然，我们两者当中最大的区别，便是明天一觉醒来，我便会恢复清醒。"

有一次当丘吉尔被政敌猛烈批评时，他回应说："古代中国有一个传统，如果你想批评君主而名垂青史，就会选择在批评后自尽（按：这即是我们所谓的死谏），那么人们就会十分尊敬你，因为知道你没有别的政治动机。其实从某角度来说，我真的觉得这是一个十分有智慧的传统。"

在一个公开场合，丘吉尔又说："政治很多时候就如战争一样刺激及危险。所不同的是，在战争中你顶多会被人杀死一次；在政治中，你却会被人杀死一次又一次。"

丘吉尔的确是英国政治上词锋最咄咄逼人的政治家。

有政治评论说，政治家不能没有棱角。若从丘吉尔身上来分析确实如此。最近，有一本书总结了美国国务卿鲍威尔的一些领导成功法则，其中最重要一项是负责任。鲍威尔认为：要负责，有时就别怕得罪人。凡事太过小心，尽量不去得罪每一个人，又或者试着讨好每一个人，只会让自己愈来愈平庸。

鲍威尔又说，领导必须知人善任，不只奖励表现一流的人才，还要不去溺爱庸庸碌碌之辈。

我认同领袖要有魅力，便不能没有丝毫棱角的说法。因为你不能永远太过"政治正确"，总是说些说了等于没有说的话。对于那些真正有抱负的人来说不该如此，也不会如此。

当然，有棱角，不是叫你口没遮拦。政界也好，商界也好，只要你真正想做点事，就有机会遭到对手或不同意见者攻击。然而，有棱角又能保持好风度，是领导魅力的一种表现。

2004 年 6 月 30 日

毛泽东的文采

牢骚太盛防肠断，风物长宜放眼量。

——毛泽东

朋友来电，要求我在《每月清谈集》里不要总是提及西方的政治人物，要多谈及中国的近代政治家。

回顾我国，近代的伟大政治人物确实不少。但我没有资格评论伟人的政治成就。不过，讲到文采风流，最能驾驭语言力量的政治家，当然首推毛泽东。我非常喜欢毛泽东的文采，相信假如当年毛泽东不是从政，而是从事文学创作，肯定是中国历史上第二个苏东坡。

当年毛泽东16岁离乡到城市求学时，这个“超龄插班生”受尽同学白眼。他当时写了一首《咏蛙》自喻及明志：“独坐池塘如虎踞，绿荫树下养精神。春来我不先开口，哪个虫儿敢作声？”

当他18岁再到长沙求学时，临行时又抄了首诗给家人：“孩儿立志出乡关，学不成名誓不还。埋骨何须桑梓地，人生何处不青山。”表达其凌霄壮志。

但说到毛泽东明志，当然最为人知的恐怕是《沁园春·雪》中那几句：“江山如此多娇，引无数英雄竞折腰。惜秦皇汉武，略输文采；唐宗宋祖，稍逊风骚。一代天骄，成吉思汗，只识弯弓射大雕。俱往矣，数风流人物，还看今朝。”可说是气魄非凡。

作为一个政治家，写诗除了可以明志外，还可以感召四周的人，为共同的事业而献身。

在1949年4月解放军强渡长江，攻克南京时，毛泽东又写了《人民解放军占领南京》，当中有如下四句：“宜将剩勇追穷寇，不可沽名学霸王。

天若有情天亦老，人间正道是沧桑。”提醒大家不要重蹈楚霸王项羽的覆辙，进入秦都咸阳后，在鸿门宴上放走了刘邦，自己依恋荣华富贵，只识得衣锦荣归，致使大业功亏一篑。从中可见，毛泽东不只文采好，还有历史视野。

另外，在 1935 年红军长征即将结束的时刻，毛泽东写过《长征》一诗来振奋士气：“红军不怕远征难，万水千山只等闲。五岭逶迤腾细浪，乌蒙磅礴走泥丸。金沙水拍云崖暖，大渡桥横铁索寒。更喜岷山千里雪，三军过后尽开颜。”

还有，他的《到韶山》一诗中：“为有牺牲多壮志，敢教日月换新天。”也是令人感佩的诗句。

政治家需要凝聚人心。而凝聚人心，甚至改变这个世界，往往是从一句话开始。

丘吉尔说的好：“多读一些名人语录无疑是一件好事，因为这些语录留下了无数心灵的智慧，并往往给你无尽的灵感。”

“大江东去，浪淘尽，千古风流人物”是苏东坡说的，近千年来没有人反对过。但逝者如斯，却淘不掉苏东坡。苏东坡的文采，似乎比大江更顽强地存在着。因此，毛泽东的文采也许比他的政绩会更顽强地存在着。

谁说政治家比诗人伟大，我看未必！

2004 年 7 月 31 日

管理第一要诀——喜欢别人

多年的工作体会，让我认识到管理的第一个问题是：你是否是一个喜欢别人的人？你是否喜欢你的同事和外面与你接触的人？

愿意亲近和喜欢别人，是天赋的魅力，深植于基因之中。有这种魅力的人，做管理工作和当领导有如神助，也很容易以言行说服别人，能让人自然地心灵向往，投入感情。如果再具有思想逻辑和说话能力，就更加如虎添翼了。

但是，毕竟具有这种魅力的人不多。即使有，亦往往因为太容易受人爱戴而慢慢变得傲慢，不屑与别人亲近，最终困于自恋的陷阱中。

其实，魅力是很难消受的天赋，所以往往会被自己的弱点所征服，而不能征服别人。我认为做一个好的管理者其实不需要有天生的魅力，能够诚意学习、培养性情便可。

对别人积极热情的人，容易亲近别人，容易被别人接受，也便容易说服别人和激励别人。管理者的工作有如推销员，要以诚意和道理说服别人，从而激励别人。所以，我经常强调管理是用情说理的过程。

用情，才能以激情鼓励别人。说理，就是以逻辑为依据去说服别人。别人被说服了，受到了激励，便更容易被带入管理者的想法和目标，并为之而奋斗。

要培养喜欢别人的性情，第一点是要找出喜欢别人对管理工作的好处。找到了好处，自己才会去做。

第二点就是学习从正面和积极的角度去肯定别人。每个人都有优缺点。管理者应重视他人的优点。对方的优点受到了肯定，他便因受到激励而尽量发挥其优点。当然，管理者也要引导他人克服缺点。就算是批评对方，如果你是真心地为

对方好，对方是感受得到的。

第三点，我们要学习如何克服自己的负面情绪和行为，了解这对别人的害处，以及对管理造成的困难和损害。

一旦清楚明白上述三点，我们便懂得珍惜，发展和增加喜欢别人的性情。这是一种发自内心，很自然的学习过程。经过学习，分辨出哪些情绪是好的，哪些是坏的，便能慢慢潜移默化地改变自己，自自然然成为一个喜欢别人的管理人才。

不同人有不同性格，管理者必须面对不同的人。管理者要学习容忍与自己的性格相反的人。这是很不容易做的，但管理者非要做到不可。

管理是控制情绪的运作。

管理是用情说理的过程。

能够做到用情说理，就是风度的体现。这就是我要说的“有棱角，又能保持好风度，是领导魅力的一种表现”。

管理不仅靠 IQ，更靠 EQ——感恩的动力及虚怀的勇气。

2004 年 8 月 31 日

力不到不为财

究竟创业的代价是什么？

时间、体力、天伦之乐、各式娱乐、优游自在、余暇活动、身体健康、顶上白发……

创业者可能需要放弃一些惯常的生活方式和活动，以求全力以赴。在经济学理论中，称如此这般被放弃的种种为“机会成本”——以此换彼也。

然而，也不尽然。生活方式的改变可以视为自主的选择——选择创业者的生活方式为合意的生活方式。若是如此，便不是以此换彼，不构成机会成本。

创业便是创造自己的事业。我这里指的创业是为广义的创业，不仅仅指自己当老板，也包括了打工。因为创业应该是指一个人大半生专注其上的任何工作，包括研究、设计、销售、写作、演艺、焊接、油漆、装配、烹饪……

要创业成功，就必须投入其中。因此，创业的代价是灌注其中的心力和魄力。所谓力不到不为财，虽然是市井俚语，但却十分贴切，是上佳的创业格言、创业者的座右铭。

力之所到，虽不一定发财，但至少有机会成事。如果只是人到心不到、心到气不到的话，即使花费再多的时间，也是无济于事。

心到者，全心全意，时刻关注，事事上心。不唱高调，不故作洒脱豁达。

气到者，便是有魄力。

心到是内在的紧张，气到是外在的紧张。前者求诸己，后者求诸人。单是自己内心吃紧、事事上心也未必能济事，还要推动周围的人一齐努力，才有望如愿完成每一项工作。

所谓聚沙成塔，一项一项的工作加起来，便是事业。因此，创业者必须经常维持刚健强劲的气魄，积极进取，贯彻始终。

心力和魄力是凝聚集中的生命力。而每一个活着的人都内蕴生命力，否则便与死人无异。然而，可不是每一个人的每一时刻皆能凝神聚气、集中火力的，也不是每一个人都可以创出一番自己的事业。

只有愿意自己付出一番心力、魄力的人，方可踏上创业之途。

力不到，业不成。

当老板的也好，打工也罢，皆如是。

2004 年 9 月 30 日

学习苦中作乐

与两位朋友聊天。一位朋友说，近年来开始游冬泳，很喜欢冬天的到来。

朋友接着说，喜不喜欢冬泳完全取决于自己的心态。如果你认为跳下水是锻炼，是战胜困难，初下水寒冷，很快会暖起来，会觉得很快乐。如果你的心态是水太冷，顶不住，一跳下水便会回头，会觉得很冷、很可怕，更会觉得很痛苦。

我很同意朋友的看法。

其实，生活和工作也是一样。当条件恶劣时，除了想办法去克服，迎接困难，就是学习苦中作乐。

有些朋友未必同意这个道理。

每个人都想改变现状，但并不是一时一日的。你想发达，赚很多钱，但也不是一天两天、一年两年，可能十年二十年才达到目标。有些人一生也发不了财。

现实如此，怎么办呢？你要学会苦中作乐，在辛苦中寻找快乐。

条件差，费用不足，当然不好过，但也可以找到乐趣。生活暂时达不到自己的要求，住的条件不太好，吃的又不如人意，一样可以乐观。

香港人把吃盒饭说成是“捱饭盒”，这种说法是很不好的。有肉有蛋有菜，还叫作捱？这个世界有这么多人没饭吃，有些人走了 300 里路只为了一碗白饭。所以苦与乐全看自己的心态。若你享受盒饭，便会觉得快乐，便会吃得很有滋味。

我从小就很喜欢英国的演艺大师查理·卓别林。创业初期，有一天重温大师的影片之后，有感而发，在日记本上写下这样一段文字：

“穷是穷了，但这个流浪汉仍保留着他的骨气、情操和幽默感，总能在一些小环节上表现出人的独立精神，一种不为五斗米折腰的情操。

“然而，流浪汉的难得之处，并不是因为够骨气，而是能够在骨气之上还撒上一点儿幽默感，泪中有笑，笑中有泪。当一个人在潦倒困顿之中，还能幽默出来的话，人生仍有希望。”

乐观与悲观都是人生的基本态度。人在逆境是常事。即使是在顺境，当中的辛苦之处只是你不知道而已。所以我们要学会苦中作乐，逆中求顺，找出快乐来，快乐地面对人生，快乐地面对困难。

2004年10月31日

承受力

闭起双眼睛，心中感觉清静；
再张开眼睛，怕观望前程。
夜冷风更清，这一片荒野地；
沿途是歧路，我方向未能明……

——《星》（主唱：关正杰，词：郑国江）

在我们的生活中，经常会遭遇挫折。挫折有大有小。有些人可以轻易应付生命中的重大挫折，但有些人却连最小的挫折也觉得烦恼及难以自拔。是什么原因让一些人得以在逆境中再出发，而有

些人因为无助或失意而从此一蹶不振呢？

有时候我们听到一些人的抱怨，其实所抱怨的事并没有什么大不了。比如，说自己的妻子或丈夫总是挑自己的小毛病，自己的孩子总是惹自己生气；或是抱怨同事总是比你幸运，有较好的机会，而你总是无法出头；或者老板总是嫌你表现不好。这些小挫折，对一些人来说已感到受不了，整天唉声叹气，怨天尤人。

但为什么有些人具有抵抗更大压力以至能从挫折中迅速复原的能力呢？比如生意失败、重大亏蚀、破产、入狱、被欺压、被羞辱、被杯葛、感情破裂……人处于这种境地，就如拳手被逼到角落挨打，有的不堪一击，有的屹立不倒，这就是承受力的分别。

同样在商场。有的人遇到小挫折，就整个人颓废了；有的人挫折重得多，但依然红光满脸，依然保持积极的斗志及平衡的心态。

既然承受力如此重要，那么怎样锻炼呢？我认为没有其他办法，只有挨打多了，承受力自然就有所提升。

从商场竞争的角度来看，企业人无非就是要

培养两种能力：一种是承受力，另一种是进攻力。打仗就是这两种能力的比拼。然而，这两种能力最忌的就是“骄娇二气”。骄气只有在挨打之后，才能洗刷。娇气少点，承受力就多点。

承受力是在洗尽骄娇二气，在艰难中磨炼出来的。这就是为什么许多在顺境中走过来的人，一遇逆境就意志消沉，能力尽失。

最近两位美国知名临床心理学家提出了一种叫作“挫折复原力”的概念，认为人要不被压力击垮，就要从转变心态、改变自己做起，唤起心中潜在的内在能量，才能安然迎接挑战渡过难关。

世界上的道理，其实很简单，也很实在，一切都看自己的修行。

文首所录的数句便是当年我最喜欢的一首歌《星》。这首歌的原创是日本的谷村新司，中文歌词则出自著名填词人郑国江的手笔。曲调美，词美，唱得美，实在是一歌三绝。

当年听这首歌，还未能深入体会个中味道。二十年过去了，现在重温，更是别有一番滋味在心头。

然而，文首的数句虽是辛苦，但接下来却甚光明——

踏过荆棘，苦中找到安静；
踏过荒郊，我双脚是泥泞。
满天星光，我不怕风正劲；
满心是期望，过黑暗是黎明。

虽然是老生常谈，但既然是常谈，岂非有点道理？

2004年11月30日

生命在呼吸之间

有谁料到，送走 2004 年的竟然是哀鸿遍野的世纪浩劫？执笔之时，印度洋大地震所引发的海啸，已造成 8 万人死亡及失踪，据说这个数字仍在上升中。地震引致的缺水、缺粮和可能暴发瘟疫的间接伤害更是无法估量。

这次天灾，真是触目惊心。近海地区满目疮痍，渔船上岸，汽车沉没，酒店住宅被毁，公共设备无存，不少灾民生活无着，电视所见景象不忍卒睹。说句陈腔滥调，和大自然的威力比较，人类只是沧海一粟，太脆弱太渺小了。

其实，生命就在呼吸之间。一口气上不来，生命就消失。一呼一吸是与生俱来的，是最重要也是最平常自然的东西。然而，我们往往不注意，一呼一吸有很大的“秘密”，包括“此消彼长”“循序渐进”“忽然转折”“量变到质变”的宇宙规律。从呼到吸，从吸到呼，那“一息”转折就是生命的秘密所在。

大海的海潮，一涨一退，与人的呼吸相若。南亚的海啸，数秒之内夺去数以万计的生灵。犹如人的呼吸脱离了常规，猛咳，猛咳，一刹那间，体内千万微生物瞬间消失。那种威力，使人震慑。在它面前，财富、生命、武器只是一粟。

大自然的巨大变动，或使大城市瞬间沉入大洋海底，或令城市埋入火山灰中……这类无常惨剧再三告诫我们，巨大的风险隐藏于无形之中，人不能太自以为是。

海啸过后，大自然又恢复了平静。但新的能量可能又在积聚之中，不知哪一天又再爆发。

大海、地球、宇宙都远超个人的生命。面对它们，每个人应珍惜自己所拥有的一切，珍爱生命。

愿 2005 年是平安、平和、平静的一年。

2004 年 12 月 31 日

严于自律

自律（self-discipline），向来是一些名人、伟人的座右铭。

当年有位大学教授邀请美国南北战争的南军名将罗伯特·李（Robert E. Lee）提供一句座右铭给年青一代的时候，他想也不想，直截了当地说："严于律己"。

年青时候，我并不是把"自律"排在头位，而是曾经先后用"自信""勇气"等作为案头座右铭。但年事愈长，便愈发觉"自律"的重要。平时勤于自律，是打磨身心的途径。若是处身困境，又或遭遇变故，自律更是最后的防线——一种无论前景如何、无论处境如何、无论自己状态如何，仍能坚持下去，仍能采取主动的自我要求。

任何人总是有为自己制造各种迟疑不决、拖延推搪、诸般回避理由的时候。当此之时，以强硬的手段迫使自己振作精神，动手便干，则是最有效的苦口良药。

自律的关键是“集中精神”。然而，与集中精神相对立的，便是涣散、散漫、提不起劲。若你身处困境或变故之时，更应集中精神，全神贯注于首要之事务，方能判断正确，并且发挥最大力量重点突破，解脱艰困。

激光是一种高度聚焦的光，比之于太阳的能量可以忽略不计。但太阳光的热力分散，距离又远，虽然热力四射，但其杀伤力却远不如激光。

一个人的力量是很有限的，然而若集中全力专注在一项工作上，产生的效果有时是震撼性的。

最近电视节目有报道说，法国昆虫学家法布尔（Jean Fabra）花了一生的大部分时间在法国南部的数亩土地上，结果收获甚丰，被公认为世界昆虫研究的权威。此类事例甚多。严格来说，又有什么重要的成果不是全力专注换来的呢？

一生的专注，为一生定位；一时的专注，则产生即时效果。两者都是严于自律的具体表现。

2005 年 2 月 28 日

极不寻常的回忆录

法国时尚杂志 Elle 的总编辑鲍比（Jean-Dominigue Baaby），年轻俊朗，才情横溢，开朗健谈，享受着工作的快乐与生命。然而，1993 年，他 44 岁时，在开车回家路上却突然中风，全身瘫痪，不但不能行动，而且不能说话，全身只有左眼的眼皮还能眨动。这仅存的左眼就成为他与这个世界的最后联系。

该怎样过？如果他能拿起桌上的刀子，或能用牙咬到自己的舌头，也许他也会想到自杀。然而，全身没有活动能力的他，感到“如果我能将不断从口中流出的口水咽回去，我就是全天下最幸福的人了。”他无法自杀。

他不想就这样躺在床上等死。他找到朋友帮助，靠着他眨动的左眼，记下他所选择的字母，几个字母组成一个单字，几个单字组成一个句子，然后句子成为段落，段落成为文章。这种靠眨眼写文章，可能要一二十天才写成一篇，其中又有很多错误要予以调整。这样，经过一年左右，他写出了一本约 100 页的极不寻常的回忆录。出书后两天，鲍比就去世了。但他告诉世人，他的灵魂永远活着。

这本书名叫《潜水钟与蝴蝶》（*The Diving Belland the Butterfly*）。潜水钟比喻他身体困顿如潜水钟紧缚，蝴蝶是他期望有一天如蝴蝶一样过着自由而色彩斑斓的生活。

鲍比选择在几乎绝望的状态中继续生命。他通过眼皮眨动记下来的字句，没有哀怨和绝望，也没有怜悯，更没有放弃。他还可以评论，可以幻想，可以嘲讽，可以思考。在极为艰辛的条件下，他展现了生命的韧性，表现出幽默、勇敢和乐观。

这本书不是作者向读者揭示中风之后的悲惨

生活，而是以平凡的语言叙述他周围的事物、他的友人、他的历史。这种叙述反而显现出生命的本质。对他来说，眼皮眨动就意味生命的存续，生命只要有游丝的存续就要抱持希望努力下去。

这本书没有以说教的方式，教读者怎样面对生活。作者只是表达出，当外在的环境、生存条件发生变动，一个人怎样用仅余的、看来是不可能做到的能力，去适应环境与条件的变化，去努力延续自己与世界的联系。这本书的意义深长，提示仍有着所有活动能力的人有什么理由不更坚强、勇敢地生活下去呢?

生命的意义靠的不是智巧计谋，而是品格的修养、意志的锻炼。

2005 年 3 月 31 日

优秀的孩子是教出来的

朋友要我谈论教育。然而，我是教育的门外汉，不懂教育。为免朋友失望，我退而求其次，介绍一本关于教育的好书。

作者罗恩·克拉克（Ron Clark）是“全美最佳教师奖”得主，是唯一被美国总统接见过3次的小学教师。他把自己的经历与经验写成书，书的中译本名叫《优秀是教出来的：创造教育奇迹的55个细节》（*The Essential 55: An Award-Winning Educator's Rules for Discovering the Successful Student in Every*

Child）。

克拉克教书的第一年，曾经就有家长受不了他对孩子的严苛管教，打电话叫警察来抓他。在他教书的第五年，他 28 岁，荣获“全美最佳教师奖”。他在美国北卡罗纳州偏僻的乡下教书。孩子们都是来自弱势群体家庭，资源缺乏，老师不愿去教。然而他最终把那个班教成全国知名班级，全班同学获邀在圣诞节前夕前往白宫与克林顿夫妇一起过平安夜。

他在乡村小学取得极好成绩。有一天，他在电视上看到纽约市最贫穷的哈林区，那里的孩子更弱势，资源更缺，老师更不想去教。这是一所奇差无比的小学。他毛遂自荐，转教于此。结果两年后，纽约最难考的明星中学，考进去最多的就是他的学生。

《优秀是教出来的》这本书告诉我们，不管是怎样看起来沉闷或无味的工作，只要热情投入，并视之为挑战与冒险，凭毅力与努力就能创造奇迹。

这本书的原名是《教育的 55 个细节》（*The Essential* 55）。这 55 个细节都是克拉克从小被祖母教导的做人规矩。凭着他的热情和这“55 个

细节”，只要被他教育过的学生，成绩一定是突飞猛进，气质也变得彬彬有礼。

克拉克教导孩子们的日常生活作息，要求他们一定谨守纪律，任何大小事都不可草率敷衍。他教孩子们与他人寒暄作答与应时进退，更是巨细靡遗，面面俱到。孩子们从小礼貌周到，长大后就较容易广结善缘。在克拉克的教导下，孩子们都能自重自爱，做任何事绝对循规蹈矩，养成在公共场所都不会大声喧哗的习惯。这群孩子表现出的教养，每每令人刮目相看。孩子们从小懂得守法守分，以身作则，推己及人。

克拉克让孩子们在日常生活中的一言一行，甚至每一个细微处都能做到尽善尽美。

在这本书里，读者可以感受到作者过人的热情。他的学生之所以会脱胎换骨，变得既有礼又用功，靠的不仅是一大堆规定，还有他毫无保留的付出。

书中所讲的55个细节，让我们看到作者注重的不只是教书，更重要的是教养。唯有注重教养，才能教出有学识而且智力与心灵都健全的小孩。

2005年4月30日

知与行

用兵何术？但学问纯笃，养得此心不动乃术尔。

凡人智能相去不甚远，胜负之决不待卜诸临阵，只在此心动与不动之间。

——王阳明

立身处世谋求知行合一，企业同样讲求知行合一。

西方企业界流行的口头禅——Walk your talk（意思是把口中提倡的原则实践出来），是

王阳明“知行合一”的西方版本。

最近我发现有些没有实践经验的人，特别喜欢纸上谈兵。有些人甚至根本就没有打算去实行，也不必考虑承担失败的后果，故此可以口沫横飞。即使他们在纸上谈兵的层面是对的，那也只是停留在“知”的层面。

“行”对了，才是真正的对。

任何人如果他一旦决心把自己的理念或想法在实践中去检验，比如说用自己的金钱去做生意、去投资，马上谨慎起来。“知”与“行”是彻底的两码事。要做到言行一致，表里合一，对一些人来说确实很不容易。

当年曾国藩组建湘军抵抗太平军时，用了不少读书人。但他选拔人才时，绝不用夸夸其谈之辈，而是用勇于实行、埋头苦干、脚踏实地的人。曾国藩深知，有的人虽然能纵横议论，其实是连自己都不相信自己的一套，所以才无实行的决心。如果真的有信心，真的相信能行得通，岂有不实行的道理？

行军打仗自然是硬碰硬，用生命作赌注，来不得半点含糊。就是经商，办企业，搞投资，也是成王败寇，输的后果可能是破产，永不翻身。我认识的商界中人，能站得住脚的都是很务实的，其中不乏好读书、好研究问题之辈。他们通常注重实际行动，关注后果，少有哗众取宠的举动。

《大学》中有句名言："知止而后能定，定而后能静，静而后能安，安而后能虑，虑而后能得。"知止便是订其最后依据。一旦订了最终的价值依据之后，便能安定下来思考，从思考而体悟，悟之后便是行。

我认为知行合一是企业人身心健康的基本原则，而最健康强壮的企业便是知行合一的企业。能做到确实不易！然而，究其根本亦不外乎身体力行，凡事用心着力于一个"诚"字而已。

2005 年 5 月 31 日

李嘉诚谈管理

前几天，李嘉诚以“管理的艺术”为题，在汕头大学与正在攻读工商管理硕士课程的学员分享其成功之道。他从穷小子谈到企业家，从“企业体制的建立”谈到“企业文化生命的培育”。他对企业管理体会极深、极精、极高，完全融会贯通，可以信手拈来，自成佳句奥思。现将部分内容简录如下，供大家参考学习：

◎屈指一算我的公司已成立55年了，由1950年数个人的小公司，发展到今天全球52个国家超过20万员工的企业。我不敢和那些管理大师相比，我从小没有上学的机会，一辈子都是努力自学、自修，苦苦追求新知识和学问。

◎我常常问我自己，你是想当团队的老板还是一个团队的领袖？一般而言，做老板简单得多，你的权利主要来自地位；但做领袖较为复杂，你的力量源自人性的魅力和号召力。要做一个成功的管理者，态度与能力一样重要。

◎我认为自我管理是一种静态管理，是培养理性力量的基本功，是人把知识和经验转变为能力的催化剂。这“化学反应”由一系列的问题开始，人生在不同的阶段中要经常反思自问，思索是上天恩赐给人类捍卫命运的盾牌。很多人总是把不当的自我管理与“交厄运”混为一谈，这是很消极无奈和某一程度上是极不负责任的人生态度。

◎知识需要和意志结合，静态管理自我的方法要伸延至动态管理，理性的力量加上理智的力量，问题的核心在如何避免聪明组织干愚蠢的事。

◎“如果”一词对我有新的意义，多层思量和多方能力皆有极大的价值，要知道“后见

之明”在商业社会中只有很狭隘的贡献。

◎商业架构的灵活制度要建基于实事求是，能有自我修正挽回的机制（check and balance）。

◎成功的管理者都应该是伯乐，但他们绝对不能挑选那些妄自标榜的企业明星。

◎高度竞争社会中，高效组织的企业亦无法负担那些滥竽充数、唯唯诺诺、灰心丧志的员工，同样也难负担光以自我表演为一切出发点的“企业大将”。

◎挑选团队，有忠诚心是基本。但要记住，能力低的人和道德低的人同样是迟早累垮团队，拖垮企业。能力低与不忠诚的人，两者都不可靠。

◎管理人员特别要花心思在脆弱环节。

◎在任何组织内，优柔寡断者和盲目冲动者均是一种传染病毒。前者的延误时机和后者的盲目冲动，均可使企业在一夕间造成毁灭性的灾难。

◎好的管理者真正的艺术在其接受新事、新思维与传统中更新的能力。

◎“天行健，君子以自强不息”，自强不息的方法重要，君子的定义也同样重要。要保持企业生生不息，管理人要赋予企业生命。这不单只是懂得说上两句人文精神的语言，而是在商业秩序模糊地带力求建立正直诚实的良心。

◎企业核心责任是追求利润及效率，尽量扩大自己的资产价值,其立场是正确及必要的。

◎商场每一天如严酷的战场，负责任的管理者时刻捍卫企业利益。

李嘉诚的演讲，处处智珠，每一点都是现实体会和感悟精炼而成的，很值得我们深思。

如果说李嘉诚是香港这几十年的代表人物，倒不是在于他赚了很多钱、建立了大的企业，而是在于他代表了香港人“自强不息”的精神。正是这种精神，提升了香港。若失去这种精神，香港就必定沉沦。

自强不息，就是永不停顿地对自己严格要求，永不停顿地注入新的能量，永不停顿地上进。这是一种自我革新的内在精神，有了这般力量就能生生不息。顺境如是，逆境也如是，因为这是一种生命力的体现，这是宇宙间万事万物运转的最大秘密。故此，《易经》开篇的第一句话就是：“天

行健，君子以自强不息。”

从李嘉诚的演讲中，我们能感受到他对此名句是有深刻体会的。他如是说：

“14 岁时，我对自己的自我管理很简单，我知道我必须赚取足够一家勉强存活的费用。我知道没有知识改变不了命运，我知道今天的我没有本钱好高骛远。我也想飞得很高，在脑海中常常想起祖母的感叹：‘阿诚，我们什么时候能像潮州城中某某人那么富有。’我一方面紧守角色，虽然我当时只是小工，但我坚持每样交托我的事做得妥当出色，一方面绝不浪费时间，把任何剩下来的一分一毫都购买实用的旧书。我知道要成功，怎能光靠运气？欠缺学问知识，程度与人相距甚远，运气来临的时候也不知道。”

就是知识与意志的结合，缔造了今天的李嘉诚的企业王国。他从穷小子到大企业家、大慈善家，整个奋斗的历程是“君子以自强不息”的具体演绎。

我相信，若没有“自强不息”的精神，一切经营、管理都是空谈。

2005 年 6 月 30 日

深入浅出、具体切实

有一些自认为“有学问”的人比较喜欢把简单的情理复杂化。当然，若把做学问视为成年人的一种“游戏”，也许“简单复杂化”有其价值。但若归结于现实生活或工作层面，我们应该力求“复杂简单化”，这样就便于付诸执行及容易理解。就是在学问的领域来说，“简单复杂化”只不过是第一阶段，应该继续努力把复杂的研究凝结为精华，以简单的文字表达出来。所以，“复杂简单化”才是更高境界，亦更考验功夫。

禅学所谓——

未参禅前，见山是山，见水是水。

参禅期间，见山非山，见水非水。

禅悟之后，见山还是山，见水还是水。

由是观之，策略之道，贵乎简洁切实，绝非玄妙空谈。即如第二次世界大战期间，盟军委任蒙巴顿为东南亚战区最高统帅时，盟军处于劣势，被日军逼困于印度，每战必败。蒙巴顿深入一线，细察情况后，得出结论。他的结论既简单又切实——盟军并非输于战略、战术或装备，打败仗的主要原因在于盟军不习惯于东南亚热带丛林中作战。打败盟军的，不是日军，而是环境。

正因为蒙巴顿将军深入一线，才能相应地制定了三个战略中心——热带风暴、疟疾、士气。

热带丛林本身就是与欧洲截然不同的环境，加上季候风期间连续数周的热带风雨袭击，整个战场变成欧洲人的噩梦。此外，疟疾横行，造成大量的病弱战士，士气自然低落。

蒙巴顿针对这三个主要课题，添置适当的装备，加强了卫生教育，积极训练丛林的作战方法。

最后，盟军成功击败了日军，遏制了日军“所向无敌”的势头。

可想而知，由具体切实的策略入手，最终的胜利即取决于思想观念的改变。策略的要素，着眼于心智的开拓。心智的开拓，主导着行动的方向。然而，策略、心智、行动是否正确，取决于参与者是否抓到问题之根本，也就是说是否深入问题、了解问题。只有深入到第一线，才能制订出准确的策略及行动计划。

因此，我认为，没有策略家，只有行动的人做出策略性的思考。打仗也好，企业管理也好，指挥者不能故弄玄虚，必须深入了解情况，才能抓住要害。不深入无以浅出。

一针不见血，立竿不见影，只会招致失败。任何管理者都应该时刻置身前线，直接参与最前沿的作业，因为这是保持取胜的最佳办法。

2005 年 7 月 30 日

企业家只是钱不够用之辈

许多人经常把“企业家”与“有钱人”画上等号。是的，企业家大多是比较有钱的。无论哪一个社会，企业家阶层的收入水平总是高于社会平均水平，这一点应该是放之四海而皆准的。在相当多的地方，企业家构成社会中最富有的一族，大体上也毋庸置疑。

但是，企业家通常比较有钱，并不等于说“有钱就可以成为企业家”，或者认为“有钱”就是企业家的特征。在古代，大多数的有钱人不是企业家，而是显赫的皇族、有权势的高官。他们压住了企业家的风采。《红楼梦》中的四大家族，荣华富贵，子孙满堂，但就是一个企业家也没有出。

当今世界，“有钱人”也不等于“企业家”。要成为有钱人，渠道还有很多，如成为著名演员、球星、画家、大律师、艺术家等。在美国，一些球星的年收入水平过亿元，远超过很多企业家。

究竟什么是企业家？企业家与别的“家”不同的地方是什么呢？我认为，若从个人心理方面探究，有没有“在市场里成就一桩事业的企图心”，应该是“有钱人”与“企业家”的一道分水岭。当然，“企图心”也可理解为“雄大的野心”。企业家要自成一“家”，总离不开旺盛的企图心。

换言之，企业家与别的“家”的不同之处就在于“企业家精神”，也就是要有企业家的企图心，即企业家要有特别之所图。据说，最早创造出“企业家”（Entrepreneur）概念的是一名法国人Cantillon。他在250年前提出，企业家首先是一个事业家，“图”的就是要在市场里成就一桩事业。至于在“成就事业”之前加上“在市场里”的限制条件，无非是把企业家的事业与在其他领域博取的功名区别开来。

企业家不但要有成就事业的企图心，而且这个企图心非常之大。我的看法是，至少要大到企业家自己拥有的资源，即使全部都用上，也还是不足以应付其成就事业的雄心。正因为如此，企业家自己的钱，相对于成就事业的企图心，总是不够。所以说，企业家只是钱不够用之辈。

一般有钱人的特征可不是这样的。没有大的成事企图心，小钱也就很“有钱”了。当然，有钱人的钱也可能常常不够用。不过，倘若只是因为消费或奢侈而钱不够用，与企业家相对的成就事业的企图心而言的钱不够用，那是彻底的两码事。

有学者指出，人有两类：一类是“工作为了活着（work to live）”，需要被视为目的；另一类，“活着为了工作（live to work）”，工作被视为目的。企业家无疑是后一派人物，而且活着不单是为了一般的工作，是为了成就市场里的一桩事业。

本命题的思路源于在大陆子公司（英达热再生有限公司）八周年的庆典活动中，有朋友对我说，伟斌，你该休息休息了。当时，我感慨地回应：钱不够用，哪能休息啊！

我谈不上是什么“家”，充其量是个生意人。然而，我深深体会到：在市场里成就一桩事业钱永远不够用。因此，企业必须追逐利润，不断将利润再投入企业。

经济学家说，企业的社会责任就是追求利润。因为有了利润，企业才有信用可谈，才能够再发展，再投资。利润越多，纳税越多。这为企业家提供了一个精彩的注脚。

2005 年 8 月 31 日

别怕失败，关键在乎一个“慎”字

过分担心失败，就不能自由自在地发挥特长。

任何运动员都明白这个道理。不少运动员曾经担心失败、害怕失败，最终导致临阵崩溃。他们抵受不了压力。

心头压着一块大石，又如何能够尽展所长呢？再好的技术也不管用，因为自己不在状态。

害怕失败，会令人逃避挑战，逃避机会。

害怕比赛失败，以致无奈地成为旁观者；害怕考试失败，以致自欺地说：“我不是读书的材料”；害怕工作失败，以致放过大好机会……此类事例比比皆是。

害怕失败，令我们裹足不前。本可畅快、爽快、痛快地生活，却因为害怕，自困牢笼。

最近看到香港漫画家阿虫（严以敬先生）在一幅漫画上写下了这样的话："此说病从口入，彼说祸从口出，但若不食不言，又恐无疾而卒。"

前人告诫我们，为防病从口入，故须慎食；为怕祸从口出，故须慎言。

这里的关键在于一个"慎"字，而不是要求我们为怕吞进病菌而绝食，更不是要求我们为怕开口得罪人而绝言。

难道我们会因害怕生活失败，竟连多一天也不愿活吗？

两周前，在电视上观看"神舟六号"返回地球的过程令我感慨万分。当"神舟六号"安全着陆，两名宇航员出舱后，北京指挥大厅一片欢腾，互相拥抱，真情流露。他们付出了巨大的努力，承受着巨大的压力，只有在着陆的一刻方能释放。

人说走马行船三分险，至于载人航天就不知有多少分险了。美国、苏联都有这方面的失败记录。在镜头前负责回收"神舟六号"返回舱的总

设计师说："直到降落伞打开的一刻才松一口气。"更何况全国亿万人注视，全程电视直播，压力之大可想而知。

对有些人来说，压力愈大，挑战愈大，斗志愈强，而对成功的成果就愈珍惜。

倘若科技人员害怕失败，"神舟六号"就上不了太空。据说，在上天之前检查过无数次之后，还要再检查。这就是慎重、谨慎的表现。

"慎"是一种态度，是一种修养，但却不是百分之一百安全的保护罩。

"慎"是一种处事、思考的态度，而非让人胆小怕事、畏首畏尾。

人生在世，根本没有完全成功这回事。这边厢得，那边厢失；今天败，明天胜。勇敢面对成败，关键在于一个"慎"字。

2005 年 10 月 29 日

将坏事变为好事

张晓风曾写过一篇文章，题为《错误——中国故事常见的开端》。她在文中提出一个中国文学的妙趣之处，很多中国故事都是由一个错误开始，好像如果不错它一错，一切情节便无从衍生。当然这些故事有喜剧亦有悲剧。有“美丽的错误”，有“好的错误”，也有“令人遗憾的错误”。

张晓风列举的例子不少，其中最著名的应该是《红楼梦》《水浒传》《西游记》《镜花缘》《花田错》《风筝误》等。

又名《石头记》的《红楼梦》的整个故事，

源于女娲炼石补天。本应炼三万六千五百块便足够所需，但她偏要多炼一块。结果，这块不应出现的石头引出了日后许多情劫。

至于梁山泊的一百零八个好汉，便是因为洪太尉一时莽撞，揭开上清宫伏魔殿的封皮，放走了三十六员天罡星及七十二员地煞星所致。表面上看，放走一百零八个魔头是个错误，但《水浒传》所载的却是一百零八个好汉的热血心肠，也不见得是妖邪乱世。看来，洪太尉这个错误，也算是个“好的错误”。

如果说《水浒传》是源于一个“好的错误”，那么《镜花缘》便是生于一个美丽的错误。此段镜花水月之缘，说来源起于百花仙子访友下棋迟归，发出开花命令的系统出了错误。众花仙提前开花，引致王母娘娘责怪追究。众花仙子遂被贬下凡间，化成一个个清丽脱俗的女孩子，各有一番身世。

张晓风写道：“在中国，那些小小的差误，那些无心的过失，都有如偏离大道以后的叉路。叉路亦自有其可观的风景，‘曲径’似乎反而理直气壮可以‘通幽’。错有错着，生命和人世在其严厉的大制约和惨烈的大叛逆外，何妨采中国式的小差错、小谬误或小小的不精确，让岔路成为另一条大路的起点。包容错误是中国式故事中急转直下的美丽情节。”

我认为中国人比较厚道，惯于将错就错，故每能化错误为契机，开出一片新的天地。

至于商场中人是否包容错误，那就应视情况而定。面对现实，承认既成事实，然后来一个错有错着，也无不妨。

若一个人能化错误为机会，转负面为正面，是明智之举。我常常提醒同事，世上没有不犯错的人。既然已经是错了，重要的是你能拿回什么？也就是说，你能从教训中得到什么？此经验教训能丰富你的知识，提升你的能力。若能做到，坏事将变为好事。

当然，令人遗憾终身的错误最好不犯。

儒家说，君子坦荡荡，小人长戚戚。在我看来，君子之所以坦荡荡是因为他们不回避错误，他们敢面对错误，更重要的是他们能化错误为契机，能不断进步。

2005 年 12 月 22 日

山外有山

读万卷书，行万里路。

这是人生的两个境界。我读书少，行路也少，却一直羡慕别人的行万里路，能亲历各地风景，结交各色人物。

对于登山活动，尽管心驰神往，却从未尝试。最近，阅读《登峰》一书，见书中所配精美可观的插图，看作者拍下的绝景，令我有钦佩之感。

作者何永业与香港大学的校友一行 25 人，在 2003 年前往喜马拉雅山远足，克服了高山症，也经历困乏、惊险，终于成功登上 5500 米的嘉拿百达山峰。尽管未到达最高点的珠穆朗玛峰，但对一群从无登山经验的业余人士而言已属难能可贵。

登山队从尼泊尔出发，步行到海拔 3400 多米时，部分队友已受高山症的影响，出现头晕、呕吐、全身乏力现象。继续前行的每一步都费力，抬腿“靠的是决心，不再是肉体”。

经过九天的拼搏，终于站到嘉拿百达峰的顶点。作者于是想到人生的旅程：“人生若有目的，就不会是平平安安活到七八十岁，而是在短短的一生里，事事尽力，不断自我完善，遇难不退缩，遇恶不畏惧，才能够由始至终完成旅程。”

登上 5500 米的嘉拿百达高峰，仰望比自己所站立的地方更高了 3000 多米的珠穆朗玛峰，《登峰》一书的作者有许多感慨。作者说：“登山之巅，方知地之大、天之高、造化之奇，人算什么。”如果我们想象作者站在嘉拿百达最高点，左顾右盼地感到自豪与满足时，突然在云雾弥漫的天际开了一个洞，一座更高的山峰在云层乍隐乍现，而这就是全世界最高的山峰——珠穆朗玛峰。这种山外有山的慨叹，给“人算什么”必然增添了

现场感应。

珠穆朗玛峰是在 1953 年首次被一个新西兰人及一个尼泊尔人踏足，之后有许多登山队到达过峰顶。有人说他们征服了世界最高峰，然而我想此高峰在世上亿万年，并没有因为人的踏足而矮半寸。因此，我认为人没有征服高山，人征服的是自己。正如《登峰》的作者所说：“在风高气寒，前路崎岖，呼吸困难的登山途中，最合乎自然的选择，就是转身下山，回到安舒的环境。但意志压过了放弃的念头，坚持向上，逐步前行，不到终点不回去休息。”这不就是征服自己吗?

高山，是人世诸般难事的化身。透过登峰，操练战胜自己的本领。随着一步一足印地踏上山峰的过程，懒惰、懦弱、贪图安逸都被踩在脚下。

世界最难的事莫过于战胜自己。

在我们的人生旅途中，失败往往不是败在别人手上，而是败在自己的惰性上。

2006 年 2 月 12 日

“空”变“有”

升官发财请往他处；

贪生畏死勿入斯门。

这是当年黄埔军校门口的一副对联。

20 世纪影响中国国运最大的一所学校，不是清华，也不是北大，应该是黄埔军校。虽以军校称之，实际上只是短期培训班。但其学生大部分成为国共两党军队的骨干。在枪杆子出政权的时代，黄埔军人足足左右国运五十年之久。

世事就是这么奇怪，当年进黄埔军校的青年，

都是满腔热血，救国救民，其目的并非升官发财。抱着牺牲信念的黄埔军人，虽然也有“求仁得仁”之心，但结果很大比例是“升官发财”。这比起任何一家学校都高出很多倍。

这有趣的现象，也许就是“空”变“有”吧。

今天商界，成功的企业都具备“空”变“有”的特质。有朋友告知，有一家著名的中药厂，门外高悬一副对联：“制药虽无人见，良知自有天知。”因其精诚体察民间疾苦，故极受病人拥戴。

其实，经商的成功秘诀，并不是什么高深莫测的理论。中华智慧早就有了结论。儒家宝典《大学》里，有句名言：“大学之道，在明明德，在亲民，在止于至善。”“大学”，就是“大学问”，指做人做事的大道理。“明”就是彰明与发扬。“明德”是先天灵明的德行，一切宇宙万物的至理，包括天地人的恒久之道、客观科学的规律。“在亲民”，就是要多亲近和了解顾客的需要。“在止于至善”，就是尽力而为，为了消费者的利益把产品做到最好，绝不取巧、偷工减料和欺世盗名。

生意人个个都想发财。然而，我们必须怀着道德良知制造产品，必须持之以恒地努力，不断研究，不断改进产品及服务质量。如是者，才能建立令人敬仰的品牌。

倘若我们真的有“贪生畏死勿入斯门”的勇气——“客户的问题得不到解决，誓不罢休”的勇气，那么天道、人情自会相助。“先付出”的价值取向，必将赢取客户的信任及拥护。如是者，企业必然永续经营。

2006 年 3 月 31 日

有心、上心、责任心

国家兴亡，匹夫有责。

佛经常用寓言故事来说明一些道理：

有一只鹦鹉离开它常住的地方，到一个森林居住一段时间。它虽然不是这个森林的“永久居民”，但当地的飞鸟走兽都对它很好。鹦鹉短住了一段时间后，就返回了原居住地。

几个月之后，它又经过森林。森林忽然发生了大火，火势凶猛。这时，这鹦鹉飞到旁边的海里去，用翅膀浸湿水，然后飞回森林，以身上的水滴到森林中来扑灭大火。

天神觉得很奇怪，就问鹦鹉："你太愚蠢了。单凭身上几滴水珠怎能扑灭熊熊大火呢？"然而鹦鹉回答说："我也知道不可能，但这里的动物有恩于我，看到熊熊大火，我希望能尽我一点绵薄之力，来帮一帮它们。"

天神被感动了，于是呼风唤雨，将大火扑熄了。

这虽是一则寓言，但亦说明了一些深刻的道理。

我们中国人有一句话："国家兴亡，匹夫有责。"每个人都希望国家兴旺、繁荣，但很少人会觉得国家兴旺与自己有关。意识到国家的兴亡与自己的责任心有关的人则更少。

最近，在一本名为《小故事大智慧》的书上发现了一篇文章，内容是这样的：

武汉市鄱阳街有一座建造于 1917 年的 6 层楼房，是由英国一家建筑设计事务所设计的。20 世纪末，这座名为"景明大楼"的楼宇在度过了 80 个春秋之后，远在英国的原设计事务所给这楼宇的业主寄来了封信，提醒业主：景明大楼是本事务所于 1917 年所建，设计时定下来的年限是 80 年，现在已超越了服役期限，敬请业主留意。

把这个故事写出来的人说："真是闻所未闻！80年前盖的楼房，不要说设计者，连当年的施工人员也不会有一个在世了吧！然而，至今竟然还有人为它的安危操心！"操这份心的人，竟是它最初的设计者——一个远在万里之外的国外建筑设计事务所。到底此设计事务所是基于什么因素做到这一点的呢？

我想，这是基于一种文化传统，一种日常共同遵守的生活准则——责任心。是这种传统精神，使一个人、一群人虽然经过一个世纪的变迁，仍然信守着一份责任，一个承诺。

常听到一些人批评社会缺乏起码的公益道德、精神文明。但我们作为一个中国人，如果都能够像寓言中的小鹦鹉般，尽我们一点力量去添砖加瓦，何愁社会公德、精神匮乏呢？至少这样去做比隔岸观火、嬉笑怒骂要来得好。

精神文明的学习比物质文明的学习更漫长，但更重要。

2006年5月20日

企业人需要有义气吗？

中国古语有云：“盗亦有道”。依我看来，这大概包含着以下两个意思：

一是盗贼也是人，具备人性，虽沦为不法之徒，亦不致完全埋没良心，仍会表现出符合基本人道的行为，如俗语所说的“虎毒不食子”等。

二是盗贼世界也是由人际关系所构成的社会，自有其共同价值观念与行为准则，或称之为游戏规则。

《水浒传》作者施耐庵笔下的梁山泊，肯定是个强盗窝，但其中的那些好汉却多是因为环境

所迫，为求生存而上梁山的。

此外，梁山之上秩序井然。不仅讲究组织权位，而且强调一套基本的人伦准则。

这套行为准则或价值观并不复杂，不外乎是“公平、守信、照应、尽责”四个原则，亦可再浓缩为“义气”两个字。

对于昔日的江湖中人来说，“义气”极为重要。重承诺，守信用，是重义气；为朋友两肋插刀，义无反顾，也是重义气；坚守岗位，鞠躬尽瘁，亦是重义气；重原则，重情理，当然也是重义气了。

如此看来，这些江湖中人奉行的道德观或许没有学者那一套复杂，也没有学者的堂皇，无非是简简单单的几条，然而若背信弃义、出卖朋友、放弃原则，轻则遭人非议，重则被众人杯葛，甚至遭教训。故“重义气”是他们的生存之本。

企业中人又如何呢？还有没有义气呢？还需要不需要义气呢？我的回答是肯定的。连江湖中人都讲义气，为什么企业人就不需要义气呢？

重义气并非要你违规、违法，更不是不按游

戏规则办事。

企业人也重义气，同样注重“公平、守信、照应、尽责”的原则。

2006 年 6 月 30 日

最重要的一个字——“她”

美国语言学会前阵子举办过一次有趣的评选活动——“世纪之字”选举。获得提名的“世纪之字”有“自由”“正义”“科学”“政府”“自然”“OK”“书”“她”……而进入决赛的只有“科学(Science)”及“她(She)”。最后，“她(She)”以高票胜出，获得了“21世纪最重要的一个字”之荣誉。

记得十几年前在英国念书时，有一次与同学们谈论男女平等的话题，我曾经开玩笑说，西方人容易制造男女不平等的观念而中国人就不容易，原因是西方人常常在语言里强调他或她（He or She），而我们中国人则用一个字“他”来概括男女。

被有趣的选举吸引，我特地翻查了一下资料，得知在12世纪之前的英文字典中还没有“她（She）”这个字。“She”这个字出现于12世纪之后。而中文的“她”字进入汉语字典更不过只有近百年的历史。

中国古代的诗词、歌赋、小说中的第三人称代词男女不分，一律写成“他”。

到“五四”运动时期，曾留学法国专攻语言的刘半农认为，随着白话文的兴起，再加上翻译外国文学渐增，第三人称代词使用频繁，若只用一个不分性别的“他”字是不够的。于是刘半农在1917年翻译英国戏剧《梦魂》时，就试用自己创造的新字“她”。随后为了推广使用“她”字，刘半农在1920年写了脍炙人口的诗歌《教我如何不想她》。此诗歌后来由赵元伦谱曲，成为现代著名歌曲。从此“她”字在中文中正式启用，并被编入汉语字典之中。

话说回来，我在英国求学时代所说的话只是

开玩笑而已。实际上，中国古时一直存在着男女不平等的现象、重男轻女的观念，直到近代才有根本的改变。

在中国历史的绝大多数时间里，女性一直游离于社会工作之外。能像花木兰那样获得机会，恐怕是许多古代女性曾经的梦想。然而，随着社会的发展，女性从事社会工作成为历史发展的必然。20 世纪人类社会基本上从农业文明过渡到工业文明，生产结构的变动使男性体力的优势趋弱，智慧和才华成为职业生涯的决定因素。同时，教育广泛普及也为女性进入社会提供了可能。据一些官方统计数字表明，大陆有一些大学的女生比男生多。在我的印象中，中国香港、新加坡的一些大学也出现了这种现象。

“她”字被推选为“21 世纪最重要的一个字”是有划时代意义的，意味着女性将在 21 世纪发挥更重要的作用。21 世纪是知识经济时代，竞争的方式将不再是体力，更多地表现在策划、推广、沟通、联络、互动、服务、协调……而女性特有的敏感、细腻、关爱、注意力及第六感觉的优势，将在 21 世纪大显身手。

所谓，巾帼不让须眉，确实如此。

2006年7月31日

注：多年前，发表过一篇名为《披上战袍的男人》的短文。后来，答应过一些女同事写一篇关于女性的文章。然而笔者的文字功力确实很有限，一直不敢下笔。如今，借用“她”字来兑现承诺，内容若有欠妥之处，望各位女性读者谅解。

万物静观皆生意

君子爱财，取之有道。

有人的地方就有需求，有需求便有生意可做。只要能够满足人类的某种需要，便是站得住脚的生意。一旦失去了满足需要的能力，这生意便难以为继。

生意本身是有生命的活动，所以它会长大或者会缩小甚至枯萎。生意内含机会，同时也存在着风险。这种不稳定、非预知的性质也是做生意吸引人的地方。

我就是喜欢“生意”这两个字。“生意”蕴含着生命、生活、生劲、生趣、创造、创新的意义。相比之下，较诸企业、管理、行政、集团等名词内含更丰富、更深厚、更有味道。西方人的Business也不能望其项背。Business含有Busy（忙碌）之意。然而，忙碌不一定有生意做，可以是无事忙、无谓忙、无钱可赚地忙，甚至赔钱地忙。汉字的“生意”两字不同，含有生生不息、生气蓬勃、生趣盎然，这是多么活泼宽广的画面。我想这就是中国人的生活智慧，中国人对生意的理解。它是融事业与生活为一体的。事实上，离开了生活的生意也不易成气候。只有与社会民生息息相关的生意，才能实践自己的个性，实现自己的抱负。

就在此刻，手上拿着的钢笔、膝上放着的文件夹和稿纸、身上穿着的衣服、腕上戴着的手表、桌上的电话、放眼四望海港两旁的楼宇和海面上的船舶、宽阔的道路等都与生意有关。倘若没有了有心做生意的生意人，整个世界或许便全停下来了。

做生意的目的，当然是赚钱。无论经营哪种

生意，不赚钱的生意就不是好生意。至于，赚了钱之后，钱如何花，怎样再分配，就是另一回事了。你可以再投资，也可以选择捐赠、做慈善活动。然而，无论选择何种方式，前提是手上必须有钱可用。

做生意之初总是苦多于甜，逆多于顺。支撑着创业者坚守下去的，便是生意人的梦想与原则了。

人脉关系对生意人来说相当重要。在任何一个国家或地区做生意，都离不开人脉关系。俗语说“在家靠父母，出外靠朋友”。做生意不可以没有朋友。朋友多了，生意自然好做。特别是在创业阶段。客源、货源、情报、资金都离不开人事网络，而网络的基础是真诚，以真诚建立商誉。

我认为好的生意就应该是“创造三赢”，更准确地说，应该是“善用科技，创造三赢”。意思是，产品或服务的提供者（乙方）利用高新科技帮客户（甲方）解决问题。结果，甲、乙双方都得到自己想要的利益。最终，社会也得益。就以公路热再生工程为例吧，当甲乙双方达成一个30公里的热再生养护工程的交易后，甲方得到了自己想要的——质量好（比传统工艺优）、速度快（比传统工艺的施工周期短）、省钱（比传统工艺的价格低），乙方也得自己想要的——赚钱。最终，公路的使用者（社会）也得到他们想要的——安全、舒适、快捷。这就是三赢！

生意场上也有对社会带来负面影响的生意。这多是一些没有良心的奸商所为。有人讲“无商不奸”，这一说法是错误的。不能认为做生意的人赚钱便是恶行，只要赚得其所，便是善行。

做生意离不开成人及成事。正确顺序是，先成人，后成事。不论做哪个行业的生意，最关键的因素仍是生意人本身的修养，根本在“成人”，其中关键则在辨志、明志和立志。

写了一大堆，只是为了说明一点：做生意，只要是货真价实，能为客户解决问题，便是一等好的。

中国古语云：“君子爱财，取之有道”，实在很有道理。商士道并非靠空谈，而是务实而成的。

2006 年 9 月 30 日

江山真的如此多娇？

应邀出席中国循环经济发展论坛2006年年会，组委会要求笔者就有关公路养护如何发展循环经济做一份简报。于是笔者唯有“临时抱佛脚”，阅读了多本与“循环经济”“环境保护”“资源利用”有关的书籍、杂志、论文集。大量的信息及数字令笔者的心情难以平静。

生态环境的不断恶化，不仅直接影响到人们的生活，也在很大程度上影响到人类文明的进程。历史上，由于文明发展不当带来的生态环境恶化使文明衰落的例子屡见不鲜。

诞生于尼罗河流域的古埃及文明可以说是“尼罗河的赐予”。这一带的土壤肥沃。历史学家认为正是这无比优越的自然条件造就了埃及悠久而辉煌的文明。然而，由于尼罗河上游地区森林不断地遭到砍伐，以及过度放牧、垦荒等，使水土流失日益严重，尼罗河中的泥沙逐年增加，埃及逐渐失去昔日宝贵的沃土，“地中海粮仓”没有了往日的辉煌，现已沦为地球上的贫困地区之一。

美索不达米亚平原位于幼发拉底河和底格里斯河之间（现伊拉克境内），是著名的巴比伦文明的发源地。古巴比伦城曾是世界上最大的城市、著名的商业中心。然而，古巴比伦人在创造灿烂的文化、发展农业的同时，却因无休止地垦耕、过度放牧、肆意砍伐森林等，破坏了生态环境的良性循环，使沃土最终沦为风沙之地。2000 年前，漫漫黄沙使巴比伦王国在地球上彻底销声匿迹。曾经辉煌无比的巴比伦城，直到近代才由考古学家再次发掘出来。

黄河流域是我国古老文明的发源地。4000 多年前，这里森林茂盛、水草丰盛、气候温和、土壤肥沃。据记载，周代黄土高原的森林覆盖率高

达53%，良好的生态环境为农业提供了优越条件。然而，自秦汉开始，黄河流域的森林不断遭到大面积砍伐，黄河泥沙含量不断增加，使水土流失日益加剧。宋代黄河泥沙含量达50%，明代增加到60%，清代进一步增加到70%。这就导致黄河河床日趋增高，有些河段竟高出地面很多，形成“悬河”。遇到暴雨时节，河水便冲决堤坝，泛滥成灾。与此同时，这一带的沙漠面积不断扩大，生态环境急剧恶化。

从上面的例子中可以看出，破坏生态的良性循环势必产生严重后果。

近年来，虽然政府及一些民间团体号召环境保护、资源再利用，但是“绿色运动”的效果仍不太让人满意。就以公路养护为例，石料本是可以被重复循环利用的矿材，然而在养护施工的过程中被废弃的现象还是非常普遍。笔者早在十几年前就不断呼吁“公路养护，石料再用”这一理念，至今听信者虽多，但采取实际行动者却仍是少数。每当笔者看到如诗如画的奇山美景被石矿场所破坏，心情极其悲伤。笔者常在想，为何公路养护者只着眼于公路本身？为何他们不从全社会的角度来考虑问题？如果他们意识到社会可持续发展的重要性，在养护公路的同时就应该想尽办法使原料再生利用。

根据环保科学家组成的机构“罗马俱乐部”预测：“全世界现有资源的储量还能供人类使用四五百年，如果消耗量每年递增百分之二点五，这些资源只能使用九十多年。”

地球只有一个。“绿色运动”支持者说：“我们的地球是我们向子孙后代借来的地球。”因此，资源循环再利用是新世纪人类必须承担的历史使命。

但愿我们的子孙后代仍能看到美丽的河山。

2006 年 11 月 15 日

我们从历史走廊穿行过来

我曾说过，英达是从历史走廊穿行过来的。“历史走廊”不是“历史大道”，更不是金光大道，远非那么平坦、风光。走廊的两侧耸立的是悬崖峭壁，中间可行的路其实只是一条夹缝。历史正是从夹缝中走过来，一面探索寻找，一面挣扎奋斗。我们的前行状态就是如此。然而，尽管路途崎岖，英达终于还是一步一个脚印地走过来了。香港英达公司创办至今，已穿越历史走廊13年了。而大陆子公司创办至今正好是10个年头。

我也说过，我不是一位优秀的管理者，以个

人的知识水平经营这个企业常感力不从心。多年工作中对尺度的把握，甚至具体的业务发展，有许多不周全的地方。期间经历过多次经营困难，幸而有全体英达同仁的相伴，能够坚持下来，并能够在稳定中发展。这是全体员工共同付出努力的结果，与全体员工付出的心血和辛劳的耕耘是分不开的。

英达的主要经验是我们始终恪守我们的企业价值观——付出是获得回报的唯一途径，世界上没有免费午餐。而与此同等重要的是我们始终坚守企业使命感——延长公路寿命，确保公路使用者安全、舒适、快捷。

价值观及使命感组成了英达企业的核心文化。我们不喜欢短期行为，喜欢长远考虑。我们强调默默耕耘、循序渐进，看不惯短视、偷巧、欺骗。我们深信，能够真正为客户解决问题的企业才是有生命力的企业。

文化是企业灵魂。我希望英达企业有香港味，有中国情调，又有世界气氛。我们期待着有一天，人们对英达的评价是公路养护业界最能反映中国文化神韵与影响的企业。到了那个时候，我们肯

定是最严谨、最可信赖、最高明的公路“医生”。

文化与精神文明息息相关。英达同仁将崇奉着这清明的企业文化，努力耕耘。

子在川上曰：“逝者如斯夫，不舍昼夜。”在新的一年，我们将与大家共同努力，希望开创出一片公路养护的新天地。

谨祝大家新年康乐、顺利、平安！

2007 年 1 月 1 日

给大学生的告诫

朋友的儿子就读英国名牌大学，今年夏天就要毕业了，圣诞节回香港与家人团聚。朋友特意安排其儿子与笔者见面，希望笔者给孩子一些告诫或指导。

说实话，笔者没有资格指导他人教子。然而，想起世界首富比尔·盖茨去年在一次公开演讲中送给大学生的十项告诫，于是转送给朋友的孩子。笔者尝试就其中几项告诫加以演绎。

一、“社会充满不公平现象，在未能改变它之前，只能适应它。”

这是非常重要的事项。年轻人从学校走进社会，总是凡事追求公平，看到不公平就会据理力争。盖茨提醒年轻人要承认生活是不公平的，但并不是要人们去接受不公平，而是要人们去适应不公平。适应与接受是不一样的！接受是消极的、无可奈何地忍受不公平；适应是积极的，就是在不公平中主动寻找自己的位置。

二、“世界不会在意你的‘自尊’，只指望你‘有所成就’！在还没有成就之前，切勿过分强调自尊。”

这个世界指望你在自我感觉良好之前先要有所成就。若你去请教成功人士，你会发现成功人士在成功之前是不太在意“自尊”的。很多年轻人常常过分强调“自尊”，而白白丢失了良好的机会。

三、“大学毕业的你是不会成为公司总裁的，你必须不断付出努力才有机会坐上总裁的位置。”

四、“如果你陷入困境，少点抱怨，反而要从中汲取教训。”

五、“在你出生之前，你的父母并非如今天乏味。他们变成今天的样子，是因为要供养你、教育你及望你成才。”

这项值得年轻人深思。

六、“今天的大学已经不再在乎你考第几名，但社会仍做类似区分。”

七、“读书时你可以放暑假，但打工是不会分学期，没有人保证你工作完一年可以升职兼放假。”

八、“老师会帮助你学习，上司却不会。如果你认为老师严厉，那你肯定是仍未打过工。上司不会对你严厉，他只会让你失业。”

很多刚离开学校的年轻人总是搞不清“老师”和“上司”的区别。老师的责任是教导学生，而上司要你完成任务。上司不一定懂得比你多，然而仍然是你的上司，你还是要服从他的指挥。

九、“电视剧不是真实生活，真实生活是你无暇看电视。”

十、“在你还未做老板之前，千万别在他人面前批评你的老板是多么刻薄、无知并且缺乏领导才能。”

笔者也算是个小小的老板，因“角色冲突”不方便评论此项，请自己领悟吧！

非常理解即将离开校园进入社会工作的大学生的心情，他们充满着活力及期待，但同时对前路感到迷茫。

笔者以过来人的身份提醒即将毕业的大学生，眼高手低及愤世嫉俗是年轻人的两大通病。若望有所成，必先注重个人的心性修养。在变化万千的商业社会里，只要自己内心不乱，便能处变不惊、处忙不乱。大学生是社会的希望，所谓长江后浪推前浪，笔者乐见学生青出于蓝而胜于蓝。

2007 年 1 月 18 日

有钱人不等于富人

岁末，很想清理一下思绪，回眸匆匆一年的岁月，竟理不出任何头绪来。此时此地响彻云霄的最强声音，是炒股炒房赚快钱。

有位学术界的朋友说，目前每一个心孔都填满了金钱，满脑子除了钱还是钱。文化已无人关注了。

这话虽偏激，但值得反思。

炒股本来就是商品社会的一种正常现象。我们热衷于讲经济、谈企管、论股市，并不意味着不重视文化。世界上许多大都市如巴黎、伦敦、纽约、东京等，除了商业发达之外，文化底蕴也非常丰厚。

我国改革开放快 30 年了。随着经济的快速发展，有钱人的数目也逐步增加。然而，笔者所见，有些人虽然腰缠万贯，但一点都不像富人。

毕竟，“有钱人”与“富人”是有区别的。

笔者认为，两者的区别不在于赚钱，而在于用钱。

有钱人用钱的目的是给别人看的。例如，订一席美食而将之浪费掉，将名贵的红酒糟蹋掉，这就是所谓炫耀性消费。这种行为是在夸富，而非享受，他们追求的是奢华（Luxury）。

而富人却是既富有又仁慈，有钱、有文化、有品位、有修养，热衷于公益而受社会尊敬。他们强调的是高雅（Elegant）。

今天的中国，有钱人多，富人却少。在一些城市里，不时会发现开着名贵跑车的有钱人不遵守交通规则，在高级餐厅里大声喧哗，穿着名牌衣服但行为恶劣，以为一朝有钱便不可一世。这些人仍停留在“有钱人”的阶段。

富人就大不相同了。不但行为优雅，而且还怀着一颗慈善的心。他们树立了赚钱与回馈社会的榜样。

不同的方式及行为产生不一样的效果。关于钱，有两种说法，一种叫作金钱万能，另一种是金钱万恶。其实钱本身没有生命，也没有思想，默默无闻，从来没有惹过事，也不会分辩，更没有为自己说过一句话。它只是作为人与人之间的交换工具而存在着。

金钱万能也好，金钱万恶也罢，都是人性本质的反映，和金钱本身是无关的。

中国有钱人能否演变成富人，关键在于文化修养。文化是灵魂，深深地影响着每个人的处事方式和行为。

“让一部分人先富起来”是邓小平说的。

笔者相信，伟人讲的先富起来的人指的是有修养、追求高雅并且热衷于公益的富人，而不是那些不可一世的有钱人。

最近中央电视台的大型纪录片《大国崛起》备受关注，引起了不少反响。笔者浅见，大国要崛起，富人元素不可忽视。

2007 年 2 月 17 日

有恒

养活一团春意思，撑起两根穷骨头。

——清代中兴名臣曾国藩

笔者特别喜欢曾国藩的这一自题联，确是刚柔并济，反映了立志追求事业成功的人的内心世界——既要硬拼硬干坚持下去，也要保持心头的一团春意。

上个星期，有位刚从美国归来的博士生问笔者，什么是取得成功的要素？笔者不是成功人士，但据笔者观察所得，最重要的决定因素应该是恒心。

坊间有许多教人取得成功的书籍，也许世上有很多成功的方法或秘诀。但笔者认为清代中兴名臣曾国藩在 100 多年前说过的 6 个字——有志、有识、有恒，对渴望成功的年轻人依然有效。

立志，指年轻人要有志向，但不应好高骛远，在努力之下可以达至。什么也不想做，只想玩，只想享乐，就说不上有志。

有识，指要有知识、见识、能力、本事。这是需要学习的。既能从书本中学习，也能从实践中学习；既能从自身的经验学习，亦可从别人的经验学习。要活学活用，才能将知识转化为能力。

有恒，笔者认为是三项之中最不容易的一项，指要有恒心。有些人做事第一次不成功，便灰心。有些人第一次不成功，第二次也失败，就灰心。有些人第二次也不会灰心，但第三次失败便放弃了。这些都不是有恒。所谓屡败屡战，失败之后总结、反省、改错，然后再出发，坚持下去，直至达到目的。这才是有恒。

曾国藩有志、有识、有恒，影响了中国几代知识分子。从毛泽东、蒋介石到康有为、谭嗣同，无一例外。

有志的人多，有识的人也不少，但有恒的人不多见。这也是为什么成功人士总是少数。

恒是老生常谈的品格修养。笔者认为，只要努力用心地做，总能取得实质性成绩。

2007 年 4 月 20 日

一个故事四个结局

前不久，一位出版社的朋友介绍了一本即将出版的新书。书中有这样一个故事：

一家公司要招聘十名职员，经过了严格的面试和笔试，从 300 多名的应聘者当中选出 10 名佼佼者。发榜那天，一名青年看见榜上没有自己的名字，悲痛欲绝，回到家中便想了结此生。幸好家人及时发现，这位青年没有死。正当他仍然陷于悲伤之际，从公司传来了好消息，原来他被录取了。他的成绩名列前茅，只是由于电脑的错误，导致了他的“落选”。

以上是这个故事的前半部。

后半部就是同一个故事在不同国家后续发展的演绎。

在日本，当公司得知这位青年曾因落选而想自尽时，决定不录用他。原因是公司老板认为，如此小的挫折都经受不了，这样的人在公司是干不成大事的。

在美国，正当这位青年和家人因失而复得而欢天喜地之际，各大洲的知名律师纷纷致电，甚至造访他家，千方百计说服这位青年控告这家公司，要求此公司支付巨额的“精神赔偿费”。他们都表示愿意充当这位青年的辩护律师，律师费用就在获得赔偿费中按百分比提取。

在德国，正当这个青年大喜过望之时，他的父母却坚决反对自己的儿子进入这家公司。他们的理由是，这家公司连这种事情都会出现错误，进入这家公司肯定不会有前途。

在中国，正当这个青年欢呼之际，他的父母从商店买来了纪念品，来到了公司，向公司的老板致谢，感谢老板救了他们的儿子，他们永记于心。

以上是故事的后半部的四个不同版本。

这是四个很有趣的演绎。它让人们思考不同社会的文化与思维的差异。

文化，包含着一个民族的价值观念、思维方法、生活方式和信仰习俗等，跟一个国家的历史和传统密切相关。

这四个不同的故事结局也许有点夸张，但说明了不同国家的文化差距有时是很大的。这些差异都有它们各自的合理性。

在中国和平崛起之际，我们更应该注重的是不同文化之间的差异。只有意识到这种差异，我们才能更好地、主动地去寻找它们相互之间的互补性，取长补短。

但愿我们在汲取他人的营养之时，也不失我们自己的民族文化。

2007 年 5 月 31 日

百年梦圆　继续前行

北京举办奥运，以庄严的方式进一步确认，21世纪的中国，是现代强国、世界大国，是当今世纪的巨人之一，奥运彰显了这一点，表明中国重新跻身为强盛的国家之列。

我想向中国人民传递的第一个信息是，中国从此有能力为世界和平与发展做出决定性的贡献。我对七年来中国人民为筹备奥运做出的巨大努力表示敬意，相信世界各国人民都会被这万众一心的坚强意志，尤其是被中国人民的好客感动。我还要向蒸蒸日上的中国传递热情、友好的信息。

如果把奥运的组织工作比喻成一项体育运动的话，我相信大家都会跟我一样，赞同把金牌发给中国。

真的令人难以相信，这段话竟然是不久前还扬言要抵制北京奥运会的法国总统萨科齐所言。他把中国人想说的话全部都说出来了。

为期 17 天的北京奥运会圆满落幕。中国运动员的表现令全世界刮目相看，以 51 块金牌第一次凌驾于美国，成为“世界之最”。在体育运动场上，中国人实在足以自豪。

开幕式及闭幕式的表演更是精彩绝伦。开幕式的巨大手卷使人大开眼界，闭幕式的“记忆之塔”令人赞叹不已。盛世办盛典，我们中国当之无愧。我以为，当今之世没有哪个国家或城市能够主办像北京奥运般宏大、夺目、声势慑人的集文艺表演与体育赛事于一炉的盛会。这不仅仅是因为它需要巨大的经济投入，更重要的是这需要一呼百应、举国齐心的组织力与向心力。

据说，开幕式及闭幕式花了不少钱。然而，我认为非常值得。仪式之后的连续几天，我不断收到

来自国外朋友的电话。没有一个在外地的炎黄子孙不大呼北京为他们争了一口气，说得滔滔不绝。老外朋友更是无不感叹：原来中国可以是这样子的！

对于全球华人而言，中国成功主办奥运是中国人的百年梦想。我们终于圆梦，而且圆得比预期的好。曾几何时，我们在文化、科技、教育等几乎每一方面都处于世界之首位。然而，一百年前我们却几乎沦落到亡国的边缘，被称为“东亚病夫”。外国人送给我们的这四个字称号，饱含的侮辱之意是毋庸置疑的。知耻近乎勇，我们经受了风霜洗礼，自省、自立、自强，终于洗刷了恶名，重新跻身于强国之列。

一个国家、一个民族的实力，不在于有无挫折及低潮，而在于有克服、战胜困难的信心、能力、意志力、复原力、韧力。鸦片战争以来的历史，充分证明中华民族有复兴的实力。

北京奥运只是一个标志，关键是奥运背后的大趋势已经成形，将改变21世纪的格局。

百年梦已圆，我们继续前行。

2008年8月26日

邓小平的精神

天将降大任于斯人也，必先苦其心志，劳其筋骨，饿其体肤，空乏其身，行拂乱其所为，所以动心忍性，曾益其所不能。

——孟子

前不久笔者应邀出席中宣部组织的“纪念改革开放三十周年”座谈会。会后，朋友多次来电，要求笔者将意见整理成文字资料在媒体发表。笔者并非经济学者，更不是政治评论员，对于政治、经济的认识肤浅得很，岂敢在报刊发表政治理论。

然而，笔者认为，纪念改革开放应把目光聚焦在对改革开放作出最大贡献的伟人邓小平身上。没有邓小平，就没有改革开放，就没有中国今天的成就。因此，笔者撰写此文，舒怀念之情。

邓小平的一生中有几件事可反映他的人格魅力及崇高精神。

邓小平自 16 岁离开四川广安老家，到 93 岁逝世，一直没有回去过。这说明了他心中的家乡并非仅是四川广安，而是整个国家，全国各地都是家乡。

邓小平第二次复出之时，已七十有一了。从江西返回北京主持国务院的日常工作，正是江青等人最猖獗之时，一般人都屈从于其淫威。再说，七十开外的人，刚被打倒过，自己吃尽苦头，好不容易复出，大多会采取睁只眼闭只眼的态度，明哲保身了事。但是，邓小平选择与“四人帮”正面交锋。以他老人家的阅历，当然明白，这会是很危险的。果然，邓小平又被打倒了。这反映了邓小平为国为民、坚持原则的精神，更表现出他的胆识及无私的精神。

七十多岁的老人从国家领导人降为普通工人，受尽屈辱和冷嘲热讽。然而，邓小平天天坚持上班，服侍伤残的儿子。他的女儿在回忆录中说，他每天安然睡觉，每天早晨散步、锻炼身体。邓小平非凡的韧力及忍耐力由此可见一斑。同时，他能以一种平常心去对待事物。中国人常说：“大丈夫能屈能伸”，在他身上得到了充分体现。

七十多岁的老人第三次复出，力挽狂澜，在极困难的政治意识形态笼罩下，推动改革开放，制定了“以经济建设为中心”的基本国策。

20 世纪 80 年代，邓小平采取了两大行动。一是把所有“阶级身份”的帽子摘掉，把几亿中国人解放出来；二是裁军百万，集中精力搞经济建设。当时难度及阻力之大可想而知。然而，邓小平凭着过人的魄力和威望，推动了改革，直接促进了中国的经济发展。

1992 年南巡，邓小平已经 88 岁高龄，老骥伏枥再一次为中国的改革开放呐喊奔走，表现出对国家民族的至深感情。

在国家统一的问题上，邓小平的立场坚定，寸步不让，但又非常务实。今天说“一国两制”已不稀奇。然而，二十多年前邓小平提出“一国两制”的构想，确实体现了难得的远见及魄力。至于台湾问题，他说：“只要能够统一，国旗、

国徽、国号都可以改。”这完全说明了他老人家思想开明，不僵化、不教条。

赵紫阳曾说过这样一句话：“我不认为邓小平有这个理论那个理论，他只有两个字：务实。”

依我辈凡夫之见，邓小平精神比邓小平理论重要得多。随着时间的推移，理论需要完善、补充，甚至修改，而精神可以永垂不朽。邓小平的坚毅及务实精神，为我国百年国运打下了基础。

过去百年，中国人做了两件大事。第一是改变国家被列强瓜分及欺压的命运，求一个“平等”；第二是改变国家贫困及积弱，使国家富强起来，求一个“强大”。邓小平的一生参与了这两件大事，并具有扭转乾坤之力。论及中国国运的影响者，他老人家应该是20世纪最重要人物。

斯人已去，我们还处在后邓小平时代，改革开放的旗帜仍然在神州大地上空飘扬着。

有人要邓小平评价自己，他只简单地说：“我是中国人民的儿子，爱自己的国家和人民。”

很了不起！伟大的人物，我们永远怀念您！

2009年1月31日

多难兴邦

为了表达全国人民对四川汶川大地震遇难同胞的深切哀悼，国务院决定，2008 年 5 月 19 日至 21 日为全国哀悼日。值此举国哀痛的日子，祈愿所有不幸的生命早日安息，祈愿所有幸存者更加坚强。

在过去的 10 天里，有太多太多撼动人心的事迹、震撼灵魂的场面。它们在这片大地上流传着，让人悲伤，令人感动。也许它们只是一张图片，也许只是一句话、一个动作。

母亲

一个母亲双手扶地支撑着身体，庇护着4个月大的婴儿。婴儿活着，母亲死亡。救护人员在母亲身边的手机上发现了一条短信:“亲爱的宝贝，如果你能活着，一定要记住我爱你。”

老师

一位教师至死都紧紧抓着讲台，他把生的希望留给了4个孩子，用自己的身躯为孩子们顶出了一片安全的空间。

女子

她是一个失去了双亲的女儿，也是失去女儿的母亲，甚至还是失去外婆的孙女。同时，她又是一名警察。她没有丢弃自己的职责，仍然坚持在工作的第一线。

7岁小孩

一个7岁孩子被解放军救援人员从废墟里救出,抬上担架。他坚持举起右手向军人行了个军礼。

消防战士的一跪

一位几天几夜没有合眼的消防战士为了请求战友们继续让他参与救援工作而下跪：“你们就让我再救一个吧，再救一个我就去休息。”

一对兄弟

一对刚刚被包扎好伤口就开始熬粥送水的兄弟，对着记者说：“你们别拍我，我们的伤并不重。能做一些就一些，我想只要是中国人都会这样做的。”

小女孩

小女孩的生命危在旦夕。救援过程中，面对救援人员的安慰，小女孩反倒安慰队员们，“叔叔，我不怕，你们不要担心。”

写到这里，我的泪水又一次溢出。我不知道应该怎样表达我现在的心情，感动、悲伤、沉痛，可是生命还将继续。

《左传·昭公四年》里有这样的一句话：“邻国之难，不可虞也。或多难以固其国，启其疆土；或无难以丧其国，失其守宇。”这一段话演变到今天便是我们常听到的一句话：多难兴邦。当国家民族处于多灾多难的非常时期，往往会激发人民团结一致，战胜困难。磨难往往促使一个民族更加坚强，挫折令我们风雨同舟。

中国又到了历史的转折关头。32 年前唐山大地震之后，中国的政治、经济有了转折性的变化。两年后，邓小平推动改革开放，经济腾飞。此次

汶川大地震，也许可以视为一个阶段的结束，一个新阶段的开始。我们应该清理根基，迎接未来。中国人民将不仅关注经济增长数字，而且将更加关注道德、文化与教育。我们将更加推崇友爱、互助、团结，将更关注生态环境，提倡生态文明。

我们无法阻止地动山摇。地震是坏事，然而坏事也会变为好事。多难兴邦！

2008年5月21日

中国“再起”——大象也能跳舞

据说，近代中国每30年就有一次飞跃。

1919年，五四运动，我们自省；

1949年，共和国成立，我们自立；

1979年，改革开放，我们自强；

2009年，奥运会之后一年，我们开始腾飞。

流行的说法是中国崛起。然而，笔者比较喜欢用“再起”两字。崛起，是“暴发户”，中国不是“暴发户”。唐朝、元朝、明朝乃至清朝中叶，中国在全球都举足轻重。清朝中叶后才一落千丈，衰弱了150年。此次再起，是重拾光荣，再次显

现中华文明的光辉。

过往300年的世界历史，凡是强权崛起，没有不对外扩张的。英国因工业革命，国力增强，开始对外扩张，建立殖民大帝国；法国在大革命之后，拿破仑横扫欧洲；日本在明治维新后国力强大，开始侵略中国、朝鲜等国；德国强大之后，发动两次世界大战；苏联在强大之后掌控了东欧；而美国，在全球50个国家驻军，是当今的唯一超级大国。

英、美、法、德、俄、日等国就是这样演绎历史的。一个新国家势力崛起，必定挑战原有的秩序，甚至引发战争。西方国家用上述历史轨迹推测中国的发展，产生了对中国的警惕及忧虑。这也许是中国“威胁”论的根源。

然而，“再起”与“崛起”有区别。如果是“暴发户”，从未发达过，他的表现无人知晓。但如果是“再起”，就有必要考虑其过往的历史。中华文明与西方文明是有别的。为什么明朝时期郑和七下西洋没有霸占他国领土，没有扩大帝国疆界？这反映了一种中国的哲学思想及态度，值得西方历史学家重视和研究。

中国再起之后，打破原有的平衡是必然的。

中国如何与世界相处，将考验国人的智慧。

在中国再起的几十年过程中，长期面临着不同势力的打压、围堵、孤立。然而，记得笔者不止一次说过类似的话：“该起的压不住，能压住的本来就不该起”。这个“起”，可以解释为成功突破、上升。对手的打压也许会产生挫折，但打压只是对弱者有效，对强者而言正是动力。此外，值得注意的是，上升期的挫折会成为进一步腾飞的动力，而衰败期的挫折将成为进一步衰落的压力。两者是完全不同的，关键在于“势”。

清末，林则徐、曾国藩、左宗棠均为优秀人才，但无法扭转大局。然而，自邓小平之后，中国再起势不可挡。这就是大势，而非其他。

笔者常说，看国家与看人和看公司一样，观其气势。

中国再起，大势所趋。

再起的中国该如何与他国相处是国人的新课题。以我辈凡夫之见，可选择“大象战略”。众所周知，大象吃植物，不威胁别人，不像狮子、老虎、豺狼一类食肉兽。大象体积庞大，力量也大，自己不惹事，猛兽也不敢动它。

中国地大人多，就如体积庞大的大象，转身较慢，不易推动。当国运低迷时，时间较长，很难扭转；同样，当其国运昌盛时，走上升轨道，时间也长，动力也大，也不易扭转。

200 年前拿破仑曾用“沉睡的狮子”形容中国。我们不否认曾经沉睡过，甚至沉落、破落过。但我们并非狮子，我们是大象。如今，大象苏醒了，动起来了。经过了几十年的风雨征程，我们开始跳舞了，且节奏与舞姿渐入佳境。再过 30 年，也许我们可以当领舞者了。到那时中国本事大了，还是要做热爱和平的大象，绝不做侵略扩张的肉食者。

有着深厚文化根底、坚毅生命力的中华民族几千年来一直肩负着缔造人类文明的使命。笔者深信，再度翩翩起舞的中华民族将更加坚毅、厚道，更有涵养。

在此，借用易经的一句名言与读者共勉：

“天行健，君子以自强不息，

地势坤，君子以厚德载物。”

2009 年 4 月 29 日

图书在版编目（CIP）数据

万物静观皆生意 / 施伟斌 著. — 北京：人民交通出版社股份有限公司，2016.12
ISBN 978-7-114-13512-5

Ⅰ.①万… Ⅱ.①施… Ⅲ.①管理学－文集②人生哲学－文集 Ⅳ.① C93-53 ② B821-53

中国版本图书馆 CIP 数据核字 (2016) 第 289746 号

每月清谈集
万物静观皆生意

著 作 者：施伟斌
责任编辑：尤　伟
出版发行：人民交通出版社股份有限公司
地　　址：（100011）北京市朝阳区安定门外外馆斜街3号
网　　址：http：//www.ccpress.com.cn
销售电话：（010）59757973
总 经 销：人民交通出版社股份有限公司发行部
经　　销：各地新华书店
排　　版：北京楚泰文化传播有限公司
印　　刷：北京鑫正大印刷有限公司

字　　数：89千　　开　　本：880×1230　1/32　　印　　张：6.375
版　　次：2017年3月　第1版
印　　次：2017年3月　第1次印刷
书　　号：ISBN 978－7－114－13512－5
定　　价：30.00元